I0782690

L'uomo senza cielo di Mathilde A. Benjamin

Coordinamento editoriale: Antonio Leotta
Impaginazione: Viviana Leonardis
© 2026 Lumantica
ISBN 979-12-81829-25-1

L'UOMO SENZA CIELO

NON ABBIAMO SMESSO DI CREDERE, ABBIAMO SOLO CAMBIATO DIO

INTRODUZIONE

C'è qualcosa che non quadra. Lo avvertiamo tutti, anche se non lo esprimiamo apertamente. Viviamo meglio che in qualsiasi altra epoca passata. Abbiamo accesso a cure mediche, comodità, viaggi, cibo, intrattenimento, libertà di espressione e tecnologia che semplifica ogni gesto quotidiano. Possiamo comunicare con chiunque, ovunque e in qualsiasi momento. Abbiamo più diritti, più opportunità, più scelte. Tuttavia, ci sentiamo più stanchi. Più ansiosi. Più soli. Dormiamo meno serenamente e ci preoccupiamo per il futuro, anche quando il presente non sembra dare motivo di timore. È come una costante sensazione di inseguire un obiettivo senza nome. Siamo sempre distratti, ma mai veramente capaci di riposare.

Non si tratta solo di stress, economia o politica. Si tratta di una mancanza più profonda: come se alla macchina della vita mancasse un componente invisibile, ma essenziale.

Non è sempre stato così. Le generazioni precedenti avevano meno comodità, meno sicurezza materiale, meno opportunità. Ma possedevano qualcosa che oggi sembra essere quasi scomparso: un senso. Non una risposta a tutto, ma un orientamento. Una direzione. Un "perché" in cui collocare il dolore, la fatica, la gioia, la nascita, la morte. Oggi abbiamo sostituito quel "perché" con il "come". Come produrre di più. Come essere più efficienti. Come migliorare le prestazioni.

Come non invecchiare. Come non soffrire. Come ottimizzare il tempo. Sappiamo fare quasi tutto, ma non sappiamo più perché lo facciamo.

Abbiamo eliminato dalla vita tutto ciò che non si può misurare e abbiamo finito per trasformare la vita stessa in qualcosa da misurare. Valiamo per ciò che produciamo. Contiamo per ciò che mostriamo. Esistiamo se siamo visti. Funzioniamo, ma non sappiamo più cosa significhi essere. Ci hanno fatto credere che questo fosse progresso. E in parte lo è stato. Ma ogni progresso ha un costo. Il nostro è stato invisibile, e proprio per questo pericoloso. Abbiamo perso l'altezza.

Un tempo l'uomo guardava verso l'alto. Non importava in che modo o con quale linguaggio. Poteva chiamarlo fede, destino, mistero, verità, natura, ordine, senso... Ma percepiva di non essere il centro di tutto. Che la vita non iniziava e finiva nei suoi desideri. Oggi l'uomo guarda solo avanti — verso il prossimo obiettivo — o in basso — verso lo schermo che tiene in mano. Senza rendercene conto, abbiamo chiuso il cielo. E quando il cielo si chiude, l'uomo diventa troppo pesante per se stesso.

Questo libro non intende convincerti a credere in qualcosa. Non è un libro religioso. È un libro che pone una domanda semplice e scomoda: Perché, nonostante il progresso, l'uomo moderno si sente sempre più vuoto? Perché siamo più liberi ma più fragili. Più connessi ma più isolati. Più protetti ma più impauriti. Più informati ma più confusi. Forse il problema non è che ci manca qualcosa di nuovo. Forse abbiamo perso qualcosa di antico. Qualcosa che dava peso alla vita senza appesantirla. Qualcosa che imponeva limiti senza togliere libertà. Qualcosa che ricordava all'uomo di non essere tutto. Quando quella dimensione sparisce, l'uomo non diventa più grande. Diventa solo più solo. Questo libro è un viaggio all'interno di quella perdita. All'interno del mondo che abbiamo costruito. All'interno del vuoto che non sappiamo più come nominare. Non per tornare indietro, ma per comprendere cosa stiamo diventando. E decidere, prima che sia troppo tardi, da che parte stare: continuare a riempire il vuoto con rumore, oppure tornare a cercare un senso che non si può comprare né scaricare. Perché forse il vero problema non è che Dio è scomparso. È che, senza rendercene conto, abbiamo cercato di prendere il suo posto. E l'uomo, quando fa questo, non si libera. Si perde.

ABBIAMO TUTTO. PERCHÉ STIAMO PEGGIO?

Se osservassimo la nostra epoca con gli occhi di una persona vissuta un secolo fa, o anche solo cinquant'anni fa, ci sembrerebbe di vivere in una sorta di paradiso tecnologico, un mondo in cui la fatica fisica è stata ridotta al minimo, le malattie un tempo temute sono spesso curabili, e spostarsi, comunicare, ottenere informazioni, beni e servizi è diventato incredibilmente semplice e quasi immediato. Anche il tempo libero, un lusso per pochi in passato, è ora parte strutturale della vita di quasi tutti. Eppure, in questo scenario oggettivamente privilegiato, si diffonde una sensazione strana, sottile ma persistente, che non ha il volto drammatico della guerra o della fame, bensì quello più silenzioso dell'insoddisfazione cronica, dell'ansia diffusa, della stanchezza mentale che non passa neanche quando il corpo riposa, come se il problema non fosse più esterno, ma si fosse spostato all'interno.

Non si tratta di un'impressione isolata o di una moda passeggera del linguaggio, poiché i segnali sono ovunque: persone che si sentono costantemente sotto pressione anche in assenza di un pericolo reale, giovani che parlano del futuro con una miscela di ironia e sfiducia, adulti che hanno raggiunto obiettivi un tempo considerati traguardi importanti ma che raccontano di una sensazione di vuoto difficile da spiegare, famiglie che hanno tutto ciò che serve per vivere bene e che tuttavia si muovono in un clima di nervosismo permanente, come se qualcosa stesse sempre per andare storto, come se la stabilità fosse diventata una parentesi breve tra una preoccupazione e l'altra.

Ci hanno insegnato a leggere la felicità in termini di condizioni materiali, di opportunità, di libertà di scelta, e sotto questi aspetti abbiamo effettivamente vinto molte battaglie storiche. Tuttavia, mentre miglioravano le condizioni esterne, qualcosa nell'esperienza interiore dell'uomo ha iniziato a incrinarsi, come se la vita avesse perso spessore, diventando più facile da gestire ma più difficile da abitare. È una differenza sottile ma decisiva, poiché si può gestire una vita anche molto bene, organizzando impegni, obiettivi, relazioni, ma abitarla è un'altra cosa. Significa sentirla propria, percepire che ha un senso che non si esaurisce nella successione dei giorni, che il tempo non è solo qualcosa da riempire ma uno spazio in cui accade qualcosa di significativo.

Oggi, invece, una parte crescente dell'esistenza è occupata dal tentativo di evitare il disagio più che di inseguire un senso, come se la priorità fosse ridurre al minimo il dolore, la fatica, l'incertezza. Questo sforzo continuo di protezione, paradossalmente, ci rende più fragili, poiché la vita, privata di ogni attrito, diventa una superficie liscia su cui è difficile persino stare in piedi; basta un imprevisto, una delusione, un cambiamento inatteso per farci perdere l'equilibrio. Abbiamo costruito un mondo che funziona sempre meglio, ma noi, in questo mondo, sembriamo funzionare sempre peggio, come se il progresso esterno avesse superato la capacità interiore dell'uomo di sostenerlo.

Il punto non è rimpiangere la povertà o la sofferenza del passato, né idealizzare epoche che avevano i loro drammi e le loro ingiustizie, ma riconoscere che insieme al benessere abbiamo perso qualcosa che non era visibile come un oggetto, ma che teneva insieme il resto, qualcosa che dava una direzione anche quando le condizioni erano dure, qualcosa che rendeva sopportabile la fatica perché la inseriva in un quadro più grande, dentro una storia che andava oltre il singolo individuo. Oggi quell'orizzonte si è ristretto fino quasi a coincidere con l'esperienza immediata, con il presente da ottimizzare, con la prestazione da migliorare, con l'immagine da curare, e quando l'orizzonte si restringe troppo, anche la vita, pur restando lunga e piena di attività, diventa stretta.

Il paradosso è che ci sentiamo sovraccarichi proprio mentre le macchine fanno sempre più cose al posto nostro, come se il tempo liberato non si fosse trasformato in spazio interiore ma in un nuovo obbligo a riempirlo, a sfruttarlo, a non sprecarlo. Così, ogni pausa diventa sospetta, ogni momento di vuoto un problema da risolvere, ogni silenzio viene coperto da rumore, immagini, notifiche, parole, come se temessimo di rimanere soli con qualcosa che non sappiamo più nominare. Forse la vera stanchezza non nasce dall'eccesso di lavoro, ma dall'assenza di un significato che tenga insieme il lavoro, il riposo, le relazioni, le difficoltà. Quando questo significato si indebolisce, tutto diventa più pesante, persino ciò che dovrebbe alleggerirci.

Abbiamo tutto, eppure qualcosa manca. Non si tratta di un nuovo oggetto da aggiungere, di un'altra comodità, di un'altra possibilità, poiché la sensazione di vuoto non viene colmata dall'accumulo, anzi, spesso cresce proprio insieme ad esso, come se più cose entrano nella nostra vita, meno spazio restasse per qualcosa di essenziale. È una crisi silenziosa, che non fa notizia come le emergenze improvvise, ma che lentamente cambia il modo in cui gli uomini guardano se stessi, il futuro, gli altri. Finché non avremo il coraggio di riconoscere che il problema non è solo fuori, ma nel modo in cui abbiamo ridisegnato l'idea stessa di essere umani, continueremo a curare i sintomi senza mai toccare la causa.

Forse la domanda da cui ripartire è semplice e disarmante allo stesso tempo: se abbiamo migliorato così tanto il mondo attorno a noi, perché stare al mondo sembra diventato più difficile? Il punto, infatti, è che abbiamo progressivamente confuso il miglioramento delle condizioni di vita con il miglioramento dell'esperienza di essere vivi, come se bastasse eliminare ostacoli esterni per garantire un benessere interiore. L'uomo non è un sistema meccanico che funziona in modo lineare, ma una creatura complessa che ha bisogno di significato tanto quanto di sicurezza, di orientamento tanto quanto di comfort. Abbiamo ridotto la felicità a un problema di gestione efficiente delle variabili esterne, dimenticando che l'essere umano non soffre soltanto per ciò che gli manca materialmente, ma anche, e forse soprattutto, per ciò che non riesce più a collegare dentro una storia che abbia un senso.

Un tempo la vita era attraversata da domande che oggi tendiamo a considerare inutili o troppo grandi, e proprio per questo le abbiamo accantonate, come si mettono in soffitta oggetti ingombranti. Quelle domande, anche quando non trovavano risposte definitive, avevano la funzione di allargare lo sguardo, di impedire all'uomo di coincidere interamente con le sue paure, con i suoi desideri immediati, con le sue prestazioni. Oggi, invece, tutto sembra riportato a una dimensione più bassa, più corta, più immediata, in cui il valore di un giorno si misura da quanto è stato produttivo, da quante cose sono state fatte, da quanto si è stati all'altezza delle aspettative proprie e altrui, e in questo clima la vita diventa una sequenza di prove da superare, più che uno spazio da attraversare con un senso.

Questa trasformazione è avvenuta senza clamore, senza un momento preciso in cui qualcuno ha dichiarato che non servivano più orizzonti alti, ma attraverso una serie di piccoli spostamenti, di semplificazioni, di adattamenti che nel tempo hanno cambiato il paesaggio interiore dell'uomo, fino a farci considerare normale ciò che solo qualche generazione fa sarebbe apparso come una perdita grave. Ci siamo abituati a vivere senza riferimenti stabili, senza punti fermi che non dipendano dall'umore del momento o dalle circostanze, e chi cresce in questo contesto impara fin da subito a contare solo su ciò che può controllare direttamente, su ciò che può ottenere, su ciò che può mostrare, mentre tutto ciò che non è sotto il suo dominio appare inutile o addirittura fastidioso.

Ma l'uomo non è fatto per vivere solo dentro ciò che controlla, perché una parte decisiva della sua esperienza nasce proprio dal confronto con ciò che lo supera, con ciò che non può ridurre a oggetto, con ciò che lo obbliga a riconoscere un limite, e il limite, che oggi percepiamo quasi sempre come un nemico, è in realtà ciò che dà forma alla vita, ciò che le impedisce di diventare indistinta, ciò che la rende abitabile. Senza limiti, senza qualcosa di più grande a cui riferirsi, tutto si appiattisce sull'io, e l'io, lasciato solo al centro di tutto, diventa una prigione, perché non è abbastanza grande da contenere il senso dell'esistenza.

Ecco perché, mentre aumentano le possibilità, cresce anche l'angoscia di scegliere; mentre si moltiplicano le strade, aumenta la paura di sbagliare; mentre si parla continuamente di libertà, ci sentiamo sempre più sotto pressione, come se ogni scelta dovesse giustificare la nostra esistenza intera. Quando non esiste più un orizzonte che tenga insieme i fallimenti, gli errori, le deviazioni, tutto pesa di più, perché ogni inciampo sembra una sconfitta definitiva, ogni deviazione un errore irreparabile, ogni limite un segno di inadeguatezza personale.

In questo clima, l'uomo moderno finisce per vivere in uno stato di allerta costante, non tanto per pericoli reali quanto per la sensazione di dover essere sempre all'altezza, sempre performante, sempre aggiornato, sempre capace di stare al passo con un mondo che accelera continuamente. Questa tensione continua consuma le energie interiori, svuota il tempo, rende difficile persino godere delle cose buone, perché anche il piacere diventa un compito, un'esperienza da ottimizzare, da fotografare, da condividere, più che da vivere. Così, mentre tutto sembra più accessibile, la vita diventa più difficile da sentire, e il disagio che ne nasce non è quello evidente delle grandi tragedie, ma una forma più sottile di smarrimento, una sensazione di essere fuori posto pur non avendo motivo apparente per esserlo, una fatica di fondo che non si risolve con il riposo, perché non riguarda solo il corpo ma il modo in cui stiamo al mondo. È il segnale che qualcosa nella struttura profonda della nostra visione dell'uomo si è incrinato, e finché continueremo a pensare che basti aggiustare gli ingranaggi esterni, aumentare le opportunità, perfezionare i sistemi, senza chiederci che idea di uomo stiamo servendo, continueremo a correre più progresso e meno pace.

Forse la domanda che stiamo evitando non è se il mondo funzioni meglio di prima, ma se l'uomo, dentro questo mondo che funziona, stia ancora trovando un posto che non lo riduca a ingranaggio, a consumatore, a produttore di prestazioni, ma lo riconosca come qualcosa di più ampio, di più profondo, di più misterioso di quanto le sole categorie dell'efficienza possano contenere.

E proprio qui emerge il nodo che abbiamo lentamente

rimosso, perché per secoli l'uomo non ha pensato se stesso soltanto come un insieme di bisogni da soddisfare o di capacità da sviluppare, ma come una presenza inserita in un ordine più grande, visibile o invisibile che fosse, e questa percezione, pur espressa in modi diversi nelle culture e nelle epoche, aveva un effetto comune: ridimensionava l'io senza annullarlo, lo rendeva responsabile senza lasciarlo solo, gli ricordava che la vita non era soltanto qualcosa da gestire, ma qualcosa da attraversare con rispetto, con misura, con un certo timore reverenziale verso ciò che non dipendeva da lui. Oggi, invece, abbiamo progressivamente tolto questa dimensione dall'orizzonte, come se fosse un residuo del passato, un'illusione consolatoria, e abbiamo lasciato l'uomo da solo davanti a se stesso, convinti che questo lo avrebbe reso finalmente adulto, libero da ogni dipendenza.

Il risultato, però, non è stato un uomo più forte, ma un uomo più esposto, perché quando tutto il peso del senso ricade sull'individuo, quando non c'è più nulla al di sopra o al di fuori che possa sostenere, correggere, orientare, ogni errore diventa un crollo, ogni difficoltà una minaccia alla propria identità, ogni limite una sconfitta personale. L'idea di essere completamente padroni della propria vita, che sulla carta appare come una conquista, nella pratica si trasforma spesso in un carico troppo pesante, perché nessuno è davvero in grado di reggere da solo l'intero significato della propria esistenza, e quando si prova a farlo si finisce per oscillare tra l'onnipotenza immaginata e la frustrazione reale.

In questo vuoto di riferimenti più alti, la società prova a riempire lo spazio con sostituti che promettono sicurezza, riconoscimento, appartenenza, e così ci aggrappiamo al lavoro come se fosse l'unica misura del nostro valore, all'immagine come se fosse la prova della nostra esistenza, al consumo come se fosse la risposta al nostro disagio, ma nessuno di questi elementi è in grado di sostenere davvero il peso del senso, e proprio per questo hanno bisogno di essere continuamente rinnovati, intensificati, esibiti. Non possiamo fermarci, perché se ci fermassimo, se restassimo in silenzio abbastanza a lungo, sentiremmo il vuoto che abbiamo cercato di coprire, e questo silenzio, che un tempo era lo spazio in cui maturavano le domande più vere, oggi diventa qualcosa da evitare.

Il paradosso è che, nel tentativo di liberarci da tutto ciò che sembrava limitarci, abbiamo perso anche ciò che ci proteggeva da noi stessi, perché non tutto ciò che limita è un nemico, e non tutto ciò che è possibile è umano. Senza un'idea di misura, senza la percezione che esista qualcosa che non possiamo manipolare a nostro piacimento, l'uomo finisce per rivolgere contro di sé la stessa logica di controllo e di efficienza che applica al mondo esterno, e così inizia a trattare se stesso come un progetto da ottimizzare, un corpo da modellare, una mente da potenziare, una vita da rendere performante, senza più accettare zone d'ombra, fragilità, lentezze, misteri.

Ma l'essere umano non è un dispositivo da aggiornare, e ogni volta che cerchiamo di ridurlo a questo perdiamo qualcosa di essenziale, perché la parte più profonda di noi non si lascia comprimere dentro parametri di efficienza, non si lascia misurare in termini di risultati, e quando viene ignorata o soffocata non scompare, ma si manifesta sotto forma di inquietudine, di insoddisfazione, di quella strana nostalgia di qualcosa che non sappiamo più nominare ma che sentiamo di aver perduto. Forse è proprio qui che il nostro tempo sta inciampando, nel tentativo di costruire un mondo perfettamente funzionante per un uomo che, nel frattempo, abbiamo smesso di comprendere fino in fondo, perché abbiamo dimenticato che non vive soltanto di ciò che può usare, consumare o controllare, ma anche di ciò che può contemplare, rispettare, sentire come più grande di sé. E finché continueremo a ignorare questa dimensione, continueremo a migliorare le condizioni della vita senza riuscire a sciogliere la fatica di vivere.

E allora diventa inevitabile che, dentro una civiltà che ha smesso di guardare oltre se stessa, l'uomo finisca per chiudersi in un orizzonte sempre più stretto, dove tutto ciò che conta è immediatamente visibile, utile, sfruttabile, e dove ciò che non produce un risultato tangibile viene lentamente escluso come irrilevante. È un cambiamento che non si percepisce come una perdita improvvisa, ma come una trasformazione del modo stesso in cui valutiamo le cose, perché ciò che non serve, ciò che non aumenta le prestazioni, ciò che non genera un vantaggio, appare superfluo, e insieme a tante abitudini del passato, abbiamo lasciato cadere anche la capacità di sostare davanti a ciò che non ha uno scopo immediato, di restare in silenzio davanti a ciò che non possiamo dominare, di accettare che non tutto debba essere piegato ai nostri progetti.

Quando questa attitudine scompare, cambia anche il modo in cui percepiamo noi stessi, perché se tutto deve avere una funzione, anche l'uomo finisce per valutarsi in termini funzionali, e così il valore personale si lega sempre più alla produttività, alla visibilità, alla capacità di restare rilevanti in un contesto che non ammette pause. In questo scenario, la fragilità non è più una condizione umana da attraversare, ma un difetto da nascondere, la fatica non è un passaggio naturale, ma un segnale di inadeguatezza, il fallimento non è un'esperienza che può insegnare qualcosa, ma una macchia sull'immagine che dobbiamo difendere.

Tutto questo produce un'esistenza tesa, compressa, in cui lo spazio per la gratuità si riduce, perché anche le relazioni, lentamente, rischiano di essere lette secondo la logica dell'utilità, e quando il rapporto con l'altro non è più un incontro tra libertà ma uno scambio di vantaggi, si impoverisce qualcosa di fondamentale. L'uomo, però, non è fatto per vivere solo dentro rapporti calcolati, perché una parte decisiva della sua esperienza nasce proprio da ciò che non può essere previsto, programmato o garantito, e quando questa dimensione si assottiglia, la vita diventa più sicura forse, ma anche più arida.

È qui che si manifesta la sensazione diffusa di essere stanchi nonostante tutto funzioni, perché una vita ridotta alla somma delle sue funzioni è una vita che consuma, ma non nutre, che riempie il tempo ma non lo rende significativo. Senza accorgercene, abbiamo trasformato l'esistenza in una sequenza di compiti da svolgere, di obiettivi da raggiungere, di standard da rispettare, e in questo movimento continuo si è perso lo spazio in cui la persona poteva semplicemente essere, senza dover dimostrare qualcosa, senza dover giustificare ogni momento in termini di rendimento.

Forse è proprio questo il punto in cui la nostra epoca sta pagando un prezzo che non aveva previsto, perché nel tentativo di rendere tutto più efficiente abbiamo dimenticato che l'uomo non coincide con le sue prestazioni, e quando si dimentica questo, anche ciò che funziona meglio non riesce più a rendere la vita più leggera. Così ci ritroviamo con strumenti potentissimi e cuori affaticati, con possibilità immense e orizzonti ristretti, con un mondo sempre più organizzato e un'interiorità sempre più disorientata.

E finché non avremo il coraggio di chiederci non solo come vivere meglio, ma che cosa significa davvero vivere da uomini, continueremo a perfezionare l'ambiente esterno senza accorgerci che, dentro, qualcosa si sta lentamente svuotando.

Questo svuotamento, però, non avviene come un crollo improvviso che costringe tutti a fermarsi e a prendere coscienza, ma come un lento abbassarsi del livello, come quando l'acqua si ritira senza fare rumore e solo dopo ci si accorge che il paesaggio è cambiato. Continuiamo a fare le stesse cose, ad andare al lavoro, a costruire relazioni, a divertirci, a pianificare il futuro, ma sotto la superficie si diffonde una fatica sottile, un senso di provvisorietà permanente, come se tutto potesse essere sostituito, cambiato, dimenticato con troppa facilità, come se nulla avesse davvero il peso di qualcosa che dura.

Quando viene meno la percezione di un significato che precede e supera l'individuo, anche il tempo cambia consistenza, perché non è più il luogo in cui si sviluppa una storia, ma una sequenza di momenti da riempire, da sfruttare, da non sprecare. Il passato perde autorità, diventa un archivio di errori da correggere o di nostalgie da liquidare, il futuro smette di essere una promessa e diventa un problema da gestire, e così l'unico spazio che resta è un presente contratto, sempre più affollato e sempre meno abitabile. In questo presente sovraccarico l'uomo si muove con l'impressione di essere sempre in ritardo, sempre un passo indietro rispetto alle richieste che lo raggiungono da ogni parte, e questa corsa continua, priva di una direzione che la giustifichi, finisce per svuotare anche le energie migliori.

Non è solo una questione individuale, perché quando un'intera cultura smette di riconoscere qualcosa come degno di rispetto in sé, indipendentemente dall'utilità, cambia il modo in cui le persone guardano il mondo, e ciò che non produce un vantaggio immediato viene percepito come un ostacolo, una perdita di tempo, una debolezza. Così anche la lentezza, che un tempo era lo spazio in cui maturavano le decisioni importanti, diventa un difetto, il silenzio diventa un imbarazzo, l'attesa un errore di programmazione, e l'uomo, privato di questi spazi, perde il contatto con la parte più profonda di sé, quella che non parla attraverso l'urgenza ma attraverso il senso.

In questo scenario la libertà stessa cambia volto, perché non è più la possibilità di scegliere dentro un orizzonte di significato, ma l'obbligo di decidere continuamente senza un riferimento stabile, e questo produce una forma nuova di stanchezza, una fatica di scegliere che nasce non dalla mancanza di opzioni, ma dalla loro eccessiva moltiplicazione. Quando tutto è possibile, nulla è davvero necessario, e ciò che non è necessario tende a perdere valore, così l'uomo finisce per muoversi tra possibilità che non riescono a impegnarlo davvero, e questa mancanza di radicamento genera un'inquietudine che nessuna novità riesce a placare.

Forse è proprio questo il paradosso più grande del nostro tempo, perché nel tentativo di liberarci da tutto ciò che sembrava pesare sull'uomo abbiamo tolto anche ciò che lo teneva in piedi, e ora, pur circondati da comodità e strumenti, facciamo sempre più fatica a reggere il semplice fatto di esistere. Non perché la vita sia diventata oggettivamente più dura, ma perché è diventata più sottile, più fragile, più esposta al vento di ogni cambiamento, priva di quella densità che nasce dal sapere che non tutto dipende da noi e che proprio per questo non tutto è in balia del caso.

Se non ritroveremo il coraggio di rimettere al centro questa domanda sul senso, non come un lusso per pochi ma come una necessità umana fondamentale, continueremo a muoverci dentro un mondo sempre più efficiente e sempre meno abitabile, continuando a chiederci perché, nonostante tutto, stare al mondo sembri diventato ogni giorno un po' più faticoso.

E più questa fatica diventa normale, più impariamo a non chiamarla con il suo nome, perché una cultura che non ha più parole per il senso non sa neanche riconoscere davvero la sua mancanza, e allora traduce il disagio in termini tecnici, psicologici, organizzativi, come se si trattasse sempre di un problema di gestione, di equilibrio chimico, di ritmo di vita. Certamente anche questi aspetti hanno il loro peso, ma restano sulla superficie se non vengono collegati a una visione più ampia dell'uomo. Così moltiplichiamo le strategie per sentirci meglio senza chiederci cosa significhi stare bene, perfezioniamo le tecniche per ridurre l'ansia senza domandarci perché l'ansia sia diventata una condizione diffusa, interveniamo sui sintomi senza toccare la struttura profonda che li genera.

Il risultato è un uomo sempre più assistito e sempre meno orientato, circondato da strumenti per affrontare ogni singolo problema ma privo di una direzione che tenga insieme l'insieme della sua vita. Quando manca questa direzione, anche le soluzioni parziali rischiano di trasformarsi in nuove dipendenze, perché ogni aiuto che non rimanda a un senso più grande finisce per chiudere l'individuo dentro se stesso, costringendolo a cercare continuamente nuove risposte esterne a un vuoto che ha radici più profonde. È come se avessimo costruito una civiltà bravissima a intervenire sui dettagli e sempre più incapace di interrogarsi sul tutto.

In questo contesto anche il dolore cambia significato, perché non è più una parte inevitabile dell'esistenza che può essere attraversata e integrata, ma un errore da eliminare il prima possibile. Quando non riusciamo a farlo sparire, lo viviamo come una prova che qualcosa in noi non funziona. Ma una vita senza spazio per il dolore è una vita che non sa più crescere, perché è proprio nel confronto con ciò che non controlliamo che maturano la profondità, la pazienza, la capacità di guardare oltre se stessi. Se togliamo questa dimensione, l'uomo resta esposto a ogni minima frustrazione, incapace di sopportare il peso delle cose difficili, e la sua fragilità aumenta proprio mentre le condizioni esterne migliorano.

Forse la radice di questa contraddizione sta nel fatto che abbiamo smesso di considerare l'uomo come un essere che partecipa di qualcosa che lo supera, e lo abbiamo ridotto a misura di se stesso, ma una misura così piccola non basta a contenere l'intera esperienza umana, e allora tutto trabocca sotto forma di inquietudine, di aggressività, di apatia, di quella stanchezza esistenziale che non si spiega con i soli fattori materiali. Continuiamo a migliorare il mondo intorno a noi, ma non sappiamo più dove collocarci dentro questo mondo, e così il progresso, che avrebbe dovuto alleggerirci, finisce per amplificare il nostro smarrimento.

Se non torniamo a interrogarci su ciò che rende la vita degna di essere vissuta al di là delle sue prestazioni, se non ritroviamo uno sguardo capace di riconoscere che l'uomo non è solo un soggetto che desidera e produce ma anche un essere che riceve, contempla, rispetta, continueremo a costruire ambienti sempre più sofisticati per un uomo sempre più disorientato. E allora la domanda da cui siamo partiti, quella che sembra così semplice, tornerà a bussare con maggiore forza: com'è possibile che, mentre tutto migliora, l'esperienza di vivere diventi sempre più difficile da sostenere?

Ed è proprio questa domanda che ci conduce al punto che abbiamo evitato più a lungo, perché finché restiamo dentro il linguaggio dell'efficienza, del benessere materiale, della gestione psicologica, possiamo continuare a spostarci da una spiegazione all'altra senza mai toccare il centro. Il centro riguarda l'idea stessa che abbiamo dell'uomo, e questa idea, nel tempo, si è ristretta fino quasi a coincidere con le sue funzioni. Abbiamo imparato a descriverci in termini di bisogni, di meccanismi, di reazioni, di comportamenti osservabili, ma sempre meno in termini di vocazione, di destinazione, di senso, come se queste parole appartenessero a un lessico superato, inadatto a un'epoca che vuole essere concreta e misurabile.

Eppure è proprio questa concretezza ridotta che ci sta lasciando disarmati davanti alle domande più profonde, perché un uomo spiegato soltanto come un sistema di impulsi, di adattamenti, di strategie di sopravvivenza, è un uomo a cui manca qualcosa di essenziale, e ciò che manca non può essere sostituito da nessun miglioramento esterno. Se l'essere umano è soltanto il risultato di processi, di condizionamenti, di dinamiche materiali, allora tutto ciò che eccede questa spiegazione diventa sospetto, e con il sospetto abbiamo messo da parte anche la dimensione del mistero, non come qualcosa di oscuro o irrazionale, ma come ciò che non può essere interamente posseduto.

Senza questa apertura, la vita si chiude su se stessa, e quando tutto è spiegabile e manipolabile, nulla è più degno di rispetto in sé, perché ciò che posso dominare completamente finisce per non avere più autorità su di me. Un tempo l'uomo sapeva di non essere il punto più alto dell'ordine delle cose, e questa consapevolezza, lungi dal mortificarlo, gli dava un posto, lo collocava dentro un orizzonte in cui la sua libertà aveva senso proprio perché non era assoluta. Oggi, invece, l'idea di dover rispondere a qualcosa che non dipende da noi appare come una limitazione inaccettabile, ma senza questo riferimento più grande, la libertà si trasforma in solitudine, e la solitudine, alla lunga, pesa più di qualsiasi vincolo.

Così l'uomo moderno si trova a dover costruire da solo il significato della propria vita, giorno per giorno, scelta dopo scelta, senza un terreno comune su cui appoggiarsi, e questo compito, che può sembrare entusiasmante in teoria, nella pratica diventa spesso una fatica insostenibile. Non siamo fatti per creare dal nulla il senso dell'esistenza, perché il senso, per sua natura, è qualcosa che si riceve prima di essere elaborato, qualcosa che si scopre prima di essere inventato, e quando pretendiamo di essere gli unici autori di ciò che vale, ci ritroviamo presto prigionieri delle nostre stesse costruzioni.

È in questa solitudine carica di responsabilità e priva di orientamento che cresce quella stanchezza profonda che attraversa il nostro tempo, una stanchezza che non dipende soltanto dal ritmo di vita, ma dal peso di dover essere sempre all'altezza di un'idea di uomo che abbiamo ridotto a se stesso. Continuiamo a parlare di progresso, di diritti, di possibilità, ma sotto queste parole si muove un'umanità che fatica a capire perché vive, per chi vive, verso cosa si muove, e finché non avremo il coraggio di riconoscere che il problema non è solo esterno ma riguarda la visione dell'uomo che abbiamo scelto, continueremo a inseguire soluzioni parziali a una crisi che è, prima di tutto, una crisi di senso.

Questa crisi, però, non si presenta mai con il volto nudo del "mancanza di senso", perché un vuoto così evidente sarebbe insopportabile, e allora viene coperta, travestita, compensata da un'attività incessante, da un flusso continuo di stimoli, di informazioni, di obiettivi, come se il movimento potesse sostituire la direzione. Ci teniamo occupati, connessi, aggiornati, coinvolti, ma raramente ci chiediamo dove stiamo andando davvero, e quando la domanda affiora, viene subito soffocata da qualcosa di più urgente, di più immediato, di più facile da gestire. È una forma di distrazione strutturale, non più legata a momenti occasionali, ma incorporata nel modo stesso in cui viviamo.

In questo contesto anche la parola "felicità" cambia significato, perché non indica più una condizione di pienezza legata a un senso riconosciuto, ma una serie di esperienze positive da accumulare, di stati emotivi da inseguire, di momenti da collezionare. Ma ciò che si accumula non basta mai, perché manca il filo che unisce le parti, e senza questo filo la vita si frantuma in episodi che non riescono a costruire una storia. Ci sentiamo pieni di cose e vuoti di significato, circondati da opportunità e poveri di orientamento, capaci di tutto e incerti su ciò che conta davvero.

È come se avessimo imparato a vivere in superficie, e la superficie, per quanto brillante, non può sostenere a lungo il peso dell'esistenza, perché prima o poi emerge la domanda su ciò che resta quando le prestazioni calano, quando l'immagine si incrina, quando le certezze esterne vengono meno. In quei momenti, che nessuna società può eliminare del tutto, si rivela quanto sia fragile una visione dell'uomo costruita solo su ciò che funziona, perché la vita, prima o poi, ci mette davanti a ciò che non funziona, e se non abbiamo imparato a guardare oltre, ci troviamo disarmati.

Forse il vero problema del nostro tempo non è l'eccesso di libertà, di tecnologia o di benessere in sé, ma il fatto che tutto questo si è sviluppato sopra un'idea impoverita dell'uomo, un'idea che non riesce più a riconoscere la profondità della sua domanda di senso, la sua apertura a qualcosa che non si esaurisce nell'immediato. Finché continueremo a ignorare questa dimensione, continueremo a sentirci stanchi senza sapere perché, a cercare sollievo senza trovare pace, a migliorare le condizioni della vita senza riuscire a sciogliere la fatica di vivere.

Ed è da qui che bisogna ripartire, non aggiungendo semplicemente nuove soluzioni a un sistema già saturo, ma fermandoci abbastanza a lungo da riconoscere che l'uomo, per stare bene, ha bisogno di qualcosa che nessuna tecnologia può fornire e nessun consumo può garantire, qualcosa che non si produce ma si riconosce, non si compra ma si accoglie. Finché questa dimensione resterà esclusa dall'orizzonte, continueremo a vivere in un mondo sempre più perfetto per un uomo sempre più smarrito.

E forse il segno più evidente di questo smarrimento è proprio il fatto che abbiamo perso familiarità con l'idea di ricevere qualcosa che non dipende da noi, come se accogliere fosse diventato un gesto di debolezza, mentre produrre, costruire, controllare fossero le uniche modalità degne di un uomo maturo. Abbiamo imparato a pensare che ciò che vale debba essere conquistato, progettato, garantito, e in questo movimento continuo verso l'esterno si è atrofizzata la capacità di riconoscere che una parte decisiva della vita ci precede, ci è data, e proprio per questo ci fonda. Quando questa dimensione viene oscurata, l'esistenza diventa un compito infinito, un cantiere sempre aperto in cui non è mai possibile fermarsi, perché ogni punto di arrivo si trasforma immediatamente in un nuovo punto di partenza.

In questo sforzo permanente l'uomo finisce per non abitare più il presente, ma per usarlo soltanto come mezzo verso qualcosa che deve ancora venire, e quando il presente diventa soltanto un ponte, non un luogo, la vita perde consistenza, si assottiglia, scorre senza lasciare traccia. La sensazione diffusa di vivere sempre di corsa, di non avere mai tempo, non nasce soltanto dalla quantità di impegni, ma dal fatto che ogni momento è caricato di una funzione che lo spinge oltre se stesso, verso un risultato, un traguardo, una verifica. Così anche ciò che dovrebbe essere gratuito, come l'amicizia, la contemplazione, la semplice presenza, rischia di essere piegato a logiche di utilità, di rendimento, di scambio.

Ma l'uomo non è fatto per esistere soltanto come mezzo, perché c'è in lui una dimensione che chiede di essere fine, non strumento, e quando questa dimensione viene ignorata, cresce una sensazione di alienazione che nessun successo riesce a compensare. Possiamo raggiungere obiettivi importanti, costruire carriere solide, circondarci di relazioni e attività, e tuttavia sentire che qualcosa sfugge, che c'è una distanza tra ciò che facciamo e ciò che siamo, tra la vita che mostriamo e quella che sentiamo. È il segno che la persona non coincide con le sue funzioni, e che ridurla a esse produce inevitabilmente una frattura.

Forse la fatica del nostro tempo nasce anche da questa frattura, dalla difficoltà di tenere insieme ciò che facciamo e ciò che siamo, ciò che produciamo e ciò che riceviamo, ciò che controlliamo e ciò che ci supera. Abbiamo sviluppato in modo straordinario la prima parte, quella legata all'azione, al dominio, alla trasformazione del mondo, ma abbiamo lasciato indietro la seconda, quella che riguarda il senso, il limite, la capacità di riconoscere che non tutto è nelle nostre mani. Senza questa seconda dimensione, la prima diventa eccessiva, si ingigantisce fino a schiacciare l'uomo sotto il peso delle sue stesse possibilità.

Ed è qui che si comprende come mai, pur vivendo in un'epoca di grandi conquiste, si diffonda una stanchezza che non è solo fisica o mentale, ma esistenziale, una stanchezza che nasce dal dover reggere da soli ciò che non siamo fatti per reggere da soli. Finché continueremo a ignorare questa sproporzione, a pensare che basti migliorare i meccanismi esterni senza rivedere l'idea di uomo che li abita, continueremo a correre in un mondo sempre più efficiente con un cuore sempre più affaticato, chiedendoci perché, nonostante tutto, la vita sembri diventata così difficile da sostenere.

E più questa difficoltà diventa abituale, più rischiamo di considerarla normale, come se fosse un prezzo inevitabile del progresso, un effetto collaterale da accettare in cambio dei vantaggi che abbiamo ottenuto, e in questo modo smettiamo perfino di chiederci se sia davvero necessario pagarlo. Ci adattiamo a una vita compressa, a relazioni accelerate, a un tempo frammentato, e impariamo a chiamare "maturità" la capacità di reggere tutto questo senza protestare, senza fermarci, senza porre domande che potrebbero incrinare l'equilibrio su cui abbiamo costruito la nostra sicurezza.

Ma l'uomo non è fatto per adattarsi indefinitamente a qualsiasi forma di vita, perché in lui c'è qualcosa che resiste, qualcosa che continua a chiedere più di quanto gli viene offerto, anche quando ciò che gli viene offerto è abbondante. Questa resistenza non è capriccio né nostalgia, ma il segno che la sua misura non coincide con quella dei sistemi che ha costruito, e quando questa distanza diventa troppo grande, si manifesta sotto forma di disagio, di inquietudine, di quella domanda insistente che ritorna anche quando cerchiamo di zittirla.

Forse è proprio questa parte resistente che abbiamo smesso di ascoltare, perché ci costringe a riconoscere che non siamo soltanto ciò che facciamo, che non possiamo ridurre la nostra identità alla somma dei ruoli, delle prestazioni, delle immagini, e che c'è in noi una profondità che non si lascia catturare da nessuna definizione funzionale. È una profondità che si affaccia nei momenti di silenzio, nelle crisi, nelle perdite, in tutte quelle situazioni in cui i meccanismi abituali non bastano più, e proprio per questo tendiamo a evitarla, a riempire ogni spazio per non doverla incontrare.

Eppure è lì che si gioca la possibilità di ritrovare un senso che non dipenda solo dalle circostanze, un orientamento che non crolli al primo cambiamento, una pace che non sia semplicemente assenza di problemi ma presenza di qualcosa che sostiene. Finché continueremo a vivere solo in superficie, inseguendo soluzioni sempre più rapide a problemi sempre più profondi, continueremo a girare intorno alla radice senza mai toccarla, migliorando l'apparenza della vita mentre la sua sostanza si assottiglia.

Forse il primo passo non è fare di più, né correggere ancora i dettagli, ma avere il coraggio di fermarci abbastanza a lungo da riconoscere che la stanchezza diffusa del nostro tempo non è solo il segno di un eccesso di impegni, ma di una mancanza di senso, e che questa mancanza non può essere colmata con altri strumenti, altre distrazioni, altri successi, ma richiede uno sguardo diverso sull'uomo, sulla sua misura, sul posto che occupa nel mondo. Senza questo cambio di sguardo, continueremo a vivere in una civiltà sempre più avanzata e in un'umanità sempre più affaticata, chiedendoci perché, pur avendo tutto, sembri mancare sempre qualcosa di essenziale.

Riconoscere questa mancanza non significa tornare indietro né rifiutare ciò che di buono è stato costruito, ma capire che il problema non sta negli strumenti in sé, bensì nell'orizzonte dentro cui li usiamo, perché ogni strumento, per quanto potente, non può sostituire una visione dell'uomo che gli dia una direzione. Quando la tecnica cresce più in fretta della coscienza, quando le possibilità aumentano senza che aumenti altrettanto la capacità di comprenderne il senso, si crea uno squilibrio che non si vede subito ma che, col tempo, si fa sentire come una tensione costante, come un malessere diffuso che non trova parole adeguate.

Abbiamo imparato a trasformare il mondo con una velocità impressionante, ma abbiamo dedicato sempre meno attenzione a comprendere che cosa significhi per l'uomo abitare questo mondo trasformato, e così rischiamo di vivere in ambienti sempre più sofisticati con un'interiorità sempre più fragile, come se la crescita esterna non fosse accompagnata da una maturazione interiore corrispondente. In questa sproporzione si inserisce gran parte del disagio contemporaneo, perché l'uomo si trova a gestire possibilità che non è stato educato a orientare, libertà che non sa più collegare a una responsabilità, scelte che non riesce a inserire dentro un quadro più grande.

Senza un orizzonte che dia senso alle azioni, anche le conquiste diventano ambigue, perché ciò che posso fare non coincide automaticamente con ciò che è bene fare, e quando viene meno questa distinzione, tutto si appiattisce sul criterio dell'efficacia, della fattibilità, della soddisfazione immediata. Ma un'esistenza guidata soltanto da ciò che funziona rischia di perdere il contatto con ciò che vale, e quando questa distanza cresce, aumenta la sensazione di vivere molto senza sapere perché.

Forse la fatica che attraversa il nostro tempo è il segnale che abbiamo bisogno di rimettere al centro non soltanto il come viviamo, ma il perché viviamo, non soltanto l'organizzazione della vita, ma il suo significato, non soltanto la libertà di scegliere, ma la capacità di riconoscere ciò che merita di essere scelto. Senza questa profondità, ogni progresso resta sospeso, e l'uomo, pur circondato da possibilità, continua a sentirsi disorientato, come qualcuno che corre veloce senza sapere verso dove.

Finché non avremo il coraggio di riaprire questa domanda sul senso, senza ridurla a un problema tecnico o psicologico, continueremo a inseguire soluzioni sempre più raffinate per una stanchezza che nasce da una radice più profonda, continuando a vivere in un mondo che funziona sempre meglio e in un'umanità che fatica sempre di più a sentirsi a casa nel mondo che ha costruito.

Questa sensazione di non sentirsi più davvero a casa nel mondo che abbiamo costruito è forse il segno più chiaro che qualcosa, nel modo in cui abbiamo pensato l'uomo, è stato dimenticato o messo tra parentesi, perché una casa non è soltanto un insieme di strutture efficienti, ma un luogo in cui si può sostare senza doversi giustificare, in cui la presenza ha valore prima ancora della prestazione. Se la vita diventa soltanto uno spazio di verifica continua, un campo in cui dimostrare di essere all'altezza, allora anche ciò che dovrebbe essere familiare si trasforma in una prova, e l'uomo finisce per sentirsi ospite nella propria esistenza.

Abbiamo cercato di eliminare l'incertezza, il limite, la dipendenza, come se fossero difetti da correggere, ma proprio in queste dimensioni si nascondeva una parte decisiva dell'esperienza umana, quella che permetteva di riconoscere che non tutto è nelle nostre mani e che proprio per questo la vita non è solo un peso da reggere, ma un dono da ricevere. Quando questa prospettiva scompare, resta solo lo sforzo, resta la responsabilità senza appoggio, resta la libertà senza orientamento, e tutto ciò che dovrebbe essere occasione di crescita diventa motivo di ansia.

In un mondo in cui tutto può essere modificato, migliorato, sostituito, anche l'uomo rischia di guardarsi come qualcosa di provvisorio, di imperfetto nel senso tecnico del termine, sempre in attesa di una versione migliore di sé, e così l'insoddisfazione diventa cronica, perché nessuna versione basta mai. Ma se l'essere umano non è soltanto un progetto da perfezionare, se è anche una presenza che ha valore prima di ogni miglioramento, allora questa corsa continua perde il suo carattere assoluto e torna a essere uno degli aspetti della vita, non il suo centro.

Forse la vera perdita del nostro tempo non è stata quella di una serie di credenze o di abitudini, ma la perdita di uno sguardo capace di riconoscere che l'uomo non si esaurisce in ciò che può fare, che c'è in lui una dimensione che chiede di essere rispettata prima ancora di essere utilizzata. Senza questo sguardo, continuiamo a perfezionare gli strumenti con cui viviamo senza sapere per chi li stiamo perfezionando, e la distanza tra ciò che possiamo fare e ciò che riusciamo a vivere cresce fino a diventare una frattura.

È da questa frattura che nasce la fatica diffusa del nostro tempo, una fatica che non si lascia risolvere con più efficienza, più controllo, più possibilità, perché ha a che fare con il modo in cui l'uomo si percepisce e si colloca nel mondo. Finché continueremo a considerarci soltanto come il centro di tutto, finché non riconosceremo che esiste qualcosa che ci precede e ci supera, continueremo a sentirci soli anche in mezzo all'abbondanza, affaticati anche nel comfort, smarriti anche nella libertà. E allora la domanda da cui siamo partiti, quella che sembra così semplice, tornerà a imporsi con ancora più forza: com'è possibile che, mentre tutto migliora intorno a noi, vivere sembri diventato così faticoso dentro di noi?

E forse è proprio qui che dobbiamo avere il coraggio di fermarci davvero, perché finché continuiamo a correre dentro lo stesso schema mentale che ha prodotto questa fatica, ogni tentativo di soluzione rischia di restare interno al problema. Abbiamo imparato a reagire, a ottimizzare, a correggere, ma non a sostare davanti alla domanda di senso senza trasformarla subito in qualcosa da risolvere in fretta. Eppure, alcune domande non chiedono una risposta immediata, ma uno spazio, un tempo, una disponibilità a lasciarsi mettere in discussione.

L'uomo moderno è diventato abilissimo nel modificare ciò che lo circonda, ma sempre meno disposto a lasciarsi modificare da ciò che incontra, e in questa chiusura si perde una dimensione decisiva dell'esperienza umana, quella per cui non siamo soltanto soggetti che agiscono, ma anche esseri che ricevono, che si lasciano toccare, che riconoscono di non essere la misura ultima di tutto. Quando questa apertura si indebolisce, la vita si restringe, diventa un progetto personale da portare avanti con le proprie forze, e la solitudine che ne deriva non è solo sociale, ma esistenziale.

Forse è per questo che, pur vivendo in società sempre più connesse, cresce la sensazione di isolamento, perché la connessione tecnica non sostituisce la comunione profonda che nasce dal riconoscere insieme qualcosa che ci supera, qualcosa davanti a cui siamo tutti allo stesso livello. Senza questa dimensione condivisa, le relazioni rischiano di restare in superficie, legate a interessi, a scambi, a affinità momentanee, e quando queste vengono meno, resta un vuoto difficile da colmare.

Ritrovare un senso non significa aggiungere un'idea

in più al nostro sistema di pensiero, ma cambiare il modo in cui guardiamo noi stessi, gli altri, il mondo, riconoscendo che l'uomo non è solo un produttore di significati, ma anche un cercatore, qualcuno che non si dà da solo il proprio fondamento ma lo riceve e lo scopre. Senza questa umiltà, che non è mortificazione ma verità sulla propria misura, continuiamo a costruire sopra una base instabile, e ogni crisi, personale o collettiva, rischia di far vacillare l'intero edificio.

Forse il primo passo non è fare qualcosa di nuovo, ma permetterci di sentire fino in fondo questa stanchezza, senza anestetizzarla subito, senza ridurla a un malfunzionamento da correggere, riconoscendo che in essa può esserci anche un segnale, un richiamo a qualcosa che abbiamo trascurato. Solo se avremo il coraggio di ascoltare questo segnale, di riaprire la domanda sul senso senza paura di ciò che potremmo scoprire, potremo sperare di uscire da questa contraddizione che ci accompagna: vivere in un mondo sempre più ricco di mezzi e sentirci sempre più poveri di significato.

Perché, a questo punto, non possiamo più far finta che sia solo una questione di ritmi, di organizzazione sociale o di equilibrio psicologico, dato che il disagio di cui stiamo parlando attraversa situazioni molto diverse, persone con vite riuscite e persone in difficoltà, giovani e adulti, ambienti privilegiati e contesti più duri, come se la fatica non dipendesse solo da ciò che accade, ma dal modo in cui l'uomo oggi si percepisce dentro ciò che accade. È come se, insieme ai progressi, si fosse assottigliata la struttura invisibile che teneva insieme l'esperienza umana, quella rete di significati non scritti che faceva da sfondo alla vita quotidiana e la rendeva più abitabile anche quando era difficile.

Abbiamo imparato a vivere senza questo sfondo, convinti che fosse un peso inutile, e ora ci muoviamo in uno spazio più libero ma anche più esposto, dove tutto dipende dalla nostra capacità di reggere, di scegliere, di decidere, di non crollare, e questa pressione continua finisce per consumare energie che nessuna comodità riesce a restituire. Non è la quantità di cose a stancarci davvero, ma l'assenza di un centro che le ordini, che dia loro un posto, che impedisca alla vita di disperdersi in mille direzioni senza trovarne una.

Forse è proprio questo il punto in cui la nostra epoca si è smarrita, nel momento in cui ha pensato che l'uomo potesse bastare a se stesso, che potesse essere insieme misura, fondamento e fine di tutto, senza bisogno di riferirsi a qualcosa che lo superi. Sulla carta questa idea suona come una liberazione, ma nella vita concreta si traduce spesso in una solitudine profonda, perché nessuno può essere da solo il proprio orizzonte ultimo senza sentirne prima o poi il peso.

E allora la stanchezza che attraversa il nostro tempo non è soltanto la stanchezza di chi lavora troppo o corre troppo, ma quella di chi deve continuamente sostenere se stesso senza appoggiarsi a qualcosa di più grande, quella di chi vive in un mondo che funziona sempre meglio ma in cui l'uomo, dentro, fatica sempre di più a trovare un posto che non lo riduca a prestazione, a ruolo, a funzione.

È qui che dobbiamo avere il coraggio di fare il passo successivo, perché finché restiamo alla superficie dei sintomi, continueremo a girare intorno al problema senza nominarlo davvero. La domanda, ormai, non è più soltanto perché stiamo peggio pur avendo tutto, ma che idea di uomo stiamo vivendo senza accorgercene.

LA LIBERTÀ SENZA LIMITI CI HA RESI FRAGILI

Se c'è una parola che rappresenta il nostro tempo, è "libertà". Non è difficile capire il motivo, poiché rispetto alla maggior parte delle epoche passate, oggi l'individuo gode di un'ampia gamma di scelte: decidere come vivere, cosa pensare, che lavoro fare, quali relazioni instaurare, quale identità assumere, e quali valori abbracciare o rifiutare. Questa capacità di autodeterminazione è stata percepita come una conquista storica, la liberazione da un mondo di vincoli rigidi, ruoli imposti, destini già scritti. Abbiamo a lungo raccontato la modernità come un progressivo ampliamento degli spazi di libertà, e in parte è stato così: molte catene sono state spezzate, molte ingiustizie superate, molte vite liberate dall'oppressione.

Il problema non risiede nella libertà in sé, ma nel modo in cui l'abbiamo concepita e vissuta. Si è affermata un'idea di libertà sganciata da ogni limite non scelto dall'individuo stesso, come se essere liberi significasse non dover rispondere a nulla se non al proprio desiderio, volontà, visione. In questa prospettiva, il limite non è più visto come una condizione strutturale dell'esistenza umana, ma come un ostacolo da superare, un'imposizione da contestare. Ogni confine diventa sospetto, ogni norma una possibile oppressione, ogni vincolo un nemico della realizzazione personale. Questa trasformazione ha avuto effetti profondi, spostando il peso della vita interamente sull'individuo, caricandolo di una responsabilità che appare come un potere, ma spesso si rivela un peso. Quando non esiste nulla che preceda la scelta, ogni decisione diventa assoluta, e l'errore non è più un passaggio, ma una colpa contro se stessi. Così la libertà, anziché essere uno spazio in cui crescere, diventa un campo minato, paralizzando di fronte alla molteplicità delle possibilità. Paradossalmente, più opzioni abbiamo, più diventa difficile scegliere. Quando tutto è aperto, manca il terreno su cui appoggiarsi, quella trama di significati condivisi che, senza annullare la libertà, la rendevano abitabile. Un tempo molte scelte erano inscritte dentro orizzonti comuni, tradizioni, visioni del mondo, che offrivano un contesto in cui collocarsi. Oggi l'individuo deve costruire quasi da zero il proprio percorso, e questo compito, presentato come emancipazione, diventa spesso fonte di ansia, perché non siamo fatti per essere gli unici architetti del nostro destino senza alcun riferimento stabile.

In questo scenario, la libertà si trasforma lentamente da possibilità a obbligo. Non scegliere non è più un'opzione, restare fermi è visto come un fallimento, accettare un limite come una resa. Bisogna sempre decidere, reinventarsi, migliorarsi, restare aperti a nuove opportunità, e questa tensione consuma energie interiori che nessuna comodità può restituire. L'uomo vive sotto una pressione costante, non più dettata da autorità esterne, ma dall'idea di dover essere all'altezza della propria libertà.

Il risultato è una nuova fragilità, diversa da quella delle epoche in cui l'uomo era oppresso da vincoli esterni. Oggi la vulnerabilità nasce dall'eccesso di possibilità, non dalla loro mancanza. Quando non esistono più confini riconosciuti, la persona rischia di perdere il senso della propria misura, oscillando tra la sensazione di poter essere qualsiasi cosa e quella di non essere nessuno in modo stabile. Senza un limite che dia forma alla libertà, la libertà stessa si diluisce, diventa indefinita, e ciò che è indefinito è difficile da abitare.

Forse il nostro tempo ha scambiato l'assenza di limiti per pienezza di vita, senza accorgersi che il limite non è solo una restrizione, ma anche ciò che rende possibile una forma. Senza forma non c'è identità, orientamento, stabilità. Una libertà senza limiti può sembrare infinita, ma proprio per questo rischia di non offrire appigli, lasciare l'uomo sospeso in uno spazio troppo aperto, dove ogni scelta pesa troppo e nessuna decisione riesce a dare pace.

In questa dilatazione continua della libertà, ciò che si è dissolto non è solo il confine esterno, ma anche la percezione interiore di un orientamento. Quando nulla è dato come valido prima della scelta, tutto dipende dallo stato d'animo, dall'energia, dalla capacità di sostenere decisioni che non hanno più un appoggio oltre sé stessi. La libertà diventa così un territorio vasto ma privo di sentieri, e camminare in uno spazio senza tracce può inizialmente dare euforia, ma genera smarrimento, perché l'uomo non è fatto per inventare ogni giorno la mappa del mondo.

Abbiamo imparato a pensare che l'identità sia fluida, sempre modificabile, sempre riscrivibile, e in questo c'è verità, perché nessuno è riducibile a un ruolo fisso o a una definizione immobile. Ma quando tutto è provvisorio, anche la persona finisce per sentirsi sospesa, senza un nucleo che resista ai cambiamenti. E una vita senza un centro non è più leggera, ma più fragile, perché ogni scossa trova un interno poco consolidato su cui appoggiarsi.

In questo contesto cresce la paura di impegnarsi davvero, di scegliere qualcosa che escluda altro, perché scegliere significa accettare un limite, dire un sì che comporta molti no, e questo gesto, cuore di ogni decisione significativa, diventa sempre più difficile in una cultura che identifica il limite con la perdita. Si moltiplicano le esperienze provvisorie, i legami a tempo, le scelte reversibili, come se l'uomo volesse tenere aperte tutte le porte, ma vivere con tutte le porte aperte non è sinonimo di libertà, perché significa anche non avere mai una casa in cui restare.

La libertà senza limiti produce così una forma di vita leggera in apparenza ma pesante nella sostanza, perché ogni giorno richiede di ridefinire se stessi, di giustificare le proprie scelte, di sostenere un'immagine che non poggia più su un terreno condiviso. L'uomo si trova a dover essere costantemente autore di sé, e questo compito, presentato come un privilegio, diventa spesso una fatica silenziosa, una tensione continua a non essere mai abbastanza, a non aver scelto abbastanza bene, a non aver sfruttato tutte le possibilità.

In questa condizione, la fragilità non nasce dalla mancanza di diritti o di opportunità, ma dalla solitudine dell'individuo di fronte alla propria libertà, una solitudine non solo sociale ma ontologica, perché riguarda il modo in cui la persona si percepisce nel mondo. Senza un limite riconosciuto, senza qualcosa che non dipende dalla propria volontà ma a cui poter riferirsi, ogni scelta resta sospesa, ogni decisione è esposta al dubbio, ogni percorso può sembrare quello sbagliato rispetto a tutte le alternative non percorse.

Forse è qui che si comprende perché, pur parlando continuamente di libertà, si diffonde un senso di insicurezza profonda. Una libertà senza limiti non libera davvero, ma espone, e ciò che è costantemente esposto è anche costantemente vulnerabile. Senza una forma che la contenga, la libertà si disperde, e l'uomo, invece di sentirsi più forte, si scopre più fragile, più incerto, più affaticato nel semplice compito di essere se stesso. E questa fatica, che nasce dall'essere lasciati soli di fronte a una libertà senza confini, si riflette in ogni ambito della vita. Quando manca una misura riconosciuta, tutto diventa oggetto di decisione continua, e anche ciò che un tempo era dato come ovvio o naturale diventa terreno di scelta, di revisione, di negoziazione. Può sembrare una forma di emancipazione totale, ma in realtà produce una tensione permanente, perché l'uomo si trova a dover sostenere con la propria volontà ciò che prima era sorretto anche da un ordine condiviso, da un senso che non dipendeva esclusivamente dalla sua energia.

In questo clima anche l'errore cambia volto, perché non è più semplicemente uno sbaglio dentro un percorso che mantiene comunque una direzione, ma diventa una minaccia alla propria identità, una prova di non essere all'altezza della libertà che si possiede. Si diffonde così una paura sottile di fallire, di scegliere male, di non realizzarsi come si dovrebbe. Questa paura, alimentata dal confronto continuo con le vite degli altri, rese visibili e selezionate, crea una pressione interiore che consuma lentamente la serenità. La libertà, che avrebbe dovuto alleggerire, si trasforma in un esame senza fine.

Il paradosso è che, mentre aumentano le possibilità di costruire la propria vita, cresce la sensazione di non riuscire mai davvero a raggiungere un punto di equilibrio. Ogni traguardo si sposta, ogni conquista viene relativizzata, ogni scelta può sempre essere rimessa in discussione. Senza un limite che fermi la corsa, che dica "qui puoi restare", l'uomo vive in una provvisorietà permanente, in cui nulla sembra abbastanza definitivo da poter diventare casa.

Questa instabilità non riguarda solo le scelte pratiche, ma l'immagine stessa di sé. Quando tutto è aperto, anche l'identità diventa un campo di sperimentazione continua, e sperimentare può essere ricco, ma se non c'è un punto fermo a cui tornare, la persona rischia di perdersi nelle sue stesse possibilità. Non siamo fatti per essere infiniti in senso assoluto, perché l'infinito senza forma non si abita, e quando proviamo a vivere come se non avessimo misura, finiamo per sentirci dispersi, frammentati, stanchi.

Forse è proprio qui che la libertà, slegata da ogni limite, mostra il suo lato fragile, perché l'uomo ha bisogno di confini non solo per essere contenuto, ma per potersi riconoscere, per sapere chi è e dove si trova. Senza questi confini, la vita si allarga fino a diventare indefinita, e ciò che è indefinito non offre appoggio. Così, mentre continuiamo a parlare di emancipazione e possibilità, cresce una vulnerabilità silenziosa, un senso di precarietà interiore che nessuna sicurezza esterna riesce a compensare.

Questa precarietà interiore è forse uno dei segni più profondi del nostro tempo, perché non nasce da una mancanza evidente, ma da un eccesso che non sappiamo più governare, da una libertà che ha perso il suo rapporto con la misura e che, proprio per questo, non riesce più a trasformarsi in stabilità. L'uomo si trova a vivere come sospeso, sempre in movimento ma senza un punto in cui posarsi, sempre aperto a nuove possibilità ma raramente capace di sentirsi davvero collocato da qualche parte.

In un contesto del genere, anche la responsabilità cambia significato, perché non è più risposta a qualcosa che mi precede, ma diventa interamente autogenerata. Questo sposta tutto il peso sul singolo, che deve continuamente giustificare le proprie scelte, costruire il proprio valore, difendere la propria identità. Senza un riferimento che non dipenda da lui, ogni fallimento diventa una messa in discussione totale di sé, ogni difficoltà un segnale di non essere abbastanza, e così cresce un senso di inadeguatezza che non si risolve con più possibilità, ma spesso si acuisce proprio per l'eccesso di possibilità.

È come se la libertà avesse perso la sua forma originaria, quella di spazio entro cui muoversi, per diventare un vuoto da riempire, un compito infinito che non concede tregua. E quando la libertà diventa un vuoto, l'uomo prova a colmarlo con attività, esperienze, relazioni, consumi, ma nulla riesce a dare quella consistenza che nasce solo quando la libertà è orientata verso qualcosa che la supera e la fonda.

Forse il nostro errore è stato pensare che il limite fosse sempre e solo una negazione, mentre il limite è anche ciò che rende possibile una forma, ciò che permette alla libertà di diventare scelta concreta, vita reale, storia personale. Senza limite non c'è forma, e senza forma non c'è identità che tenga, ma solo una serie di possibilità che scorrono senza radicarsi. Così, mentre inseguiamo l'idea di poter essere tutto, finiamo per non riuscire a essere nulla in modo stabile.

E allora si comprende come la libertà senza limiti, lungi dal renderci invincibili, ci abbia resi più fragili, più esposti, più incerti, perché l'uomo non è fatto per essere l'unico fondamento di se stesso. Senza un orizzonte più grande a cui riferirsi, la libertà si trasforma in solitudine, e la solitudine, quando riguarda il senso ultimo della vita, pesa più di qualsiasi vincolo esterno.

Ed è proprio questa solitudine profonda a segnare la differenza tra l'idea di libertà che abbiamo celebrato e l'esperienza concreta che molti vivono, perché una libertà che non riconosce nulla al di sopra di sé finisce per lasciare l'uomo solo di fronte all'intero peso della propria esistenza, senza appoggi, senza punti di riferimento che non siano interamente costruiti da lui. All'inizio questa condizione può sembrare entusiasmante, come un orizzonte aperto in cui tutto è possibile, ma col tempo si rivela una distesa senza confini in cui è difficile orientarsi, perché non c'è nulla che dica dove fermarsi, cosa scegliere, cosa valga più di altro.

In questo spazio senza misura anche le relazioni cambiano volto, perché quando ciascuno è il centro assoluto del proprio mondo, diventa più difficile riconoscere nell'altro un riferimento che non sia funzionale ai propri bisogni. Non per cattiva volontà, ma perché se non esiste qualcosa che entrambi riconosciamo come più grande di noi, il rapporto rischia di restare chiuso dentro lo scambio, dentro l'equilibrio tra ciò che ricevo e ciò che do, e quando questo equilibrio si rompe, il legame vacilla. Così cresce la sensazione di essere circondati da persone e allo stesso tempo soli, perché manca quel terreno comune che non dipende solo dalla volontà dei singoli.

La libertà senza limiti non genera solo incertezza individuale, ma anche instabilità collettiva, perché una società composta da individui che si percepiscono come autosufficienti fatica a costruire legami duraturi, a condividere sacrifici, a riconoscere qualcosa come valido anche quando costa. Senza un riferimento che vada oltre il desiderio immediato, tutto diventa negoziabile, reversibile, provvisorio, e questa fluidità, che sembra leggera, si traduce in una fatica costante a mantenere qualcosa nel tempo.

Forse è qui che emerge con chiarezza il paradosso del nostro tempo, perché mentre pensiamo di essere più liberi che mai, sperimentiamo una fragilità diffusa che non dipende dalla mancanza di possibilità, ma dalla mancanza di un limite che dia forma alle possibilità. Senza forma, la libertà si disperde; senza un orizzonte che la orienti, si trasforma in un compito infinito che consuma invece di sostenere.

Ed è per questo che la domanda non può più essere soltanto come ampliare gli spazi di scelta, ma come restituire alla libertà una misura che non la annulli, ma la renda vivibile, una direzione che non la imprigioni, ma la fondi. Senza questo passaggio, continueremo a chiamare libertà ciò che spesso viviamo come peso, e a stupirci del fatto che, pur avendo tolto tanti vincoli, l'uomo sembri oggi più fragile di quanto fosse quando ne aveva di più.

E forse è proprio qui che si apre il punto più delicato, perché parlare di misura e di limite in un'epoca che li ha identificati con la negazione può sembrare un passo indietro, mentre in realtà si tratta di un passo più in profondità, verso ciò che rende la libertà qualcosa di umano e non soltanto di teoricamente infinito. L'uomo non si realizza nel poter fare tutto, ma nel poter dare forma alla propria vita, e una forma esiste solo quando c'è un confine, quando qualcosa viene scelto e altro lasciato fuori, quando un sì ha il coraggio di portarsi dietro dei no.

Abbiamo coltivato l'idea che ogni rinuncia fosse una perdita secca, che ogni scelta definitiva fosse una chiusura, e così abbiamo imparato a rimandare, a tenere aperte tutte le possibilità, a non legarci troppo a nulla, ma questa apparente leggerezza si trasforma presto in dispersione, perché una vita che non si lega a nulla non si radica da nessuna parte. Senza radici non si cresce in altezza, e l'uomo, privato di radicamento, resta esposto a ogni vento, a ogni cambiamento, a ogni confronto, senza un centro che tenga.

In questa condizione anche la fiducia diventa difficile, perché fidarsi significa affidarsi a qualcosa che non controlliamo del tutto, accettare un limite, e se il limite è percepito come un pericolo, la fiducia si riduce, e con essa la possibilità di costruire legami profondi, progetti a lungo termine, comunità capaci di resistere alle difficoltà. La libertà, così, invece di essere un ponte verso l'altro, diventa una difesa, un confine mobile che protegge l'io ma lo isola.

Forse il nostro tempo ha dimenticato che la libertà non è il punto di partenza assoluto, ma una risposta, una capacità che ha bisogno di qualcosa a cui rispondere, di un bene riconosciuto, di un senso intravisto. Senza questo riferimento, la libertà si aggira a vuoto, gira su se stessa, diventa scelta per la scelta, cambiamento per il cambiamento, novità per la novità, e questa corsa senza direzione, alla lunga, stanca.

È qui che la fragilità si manifesta con maggiore evidenza, perché l'uomo, lasciato solo di fronte alla vastità delle possibilità, finisce per sentirsi piccolo, non grande, sopraffatto, non liberato. Senza un orizzonte che preceda la sua decisione, ogni scelta pesa troppo, ogni errore brucia di più, ogni fallimento sembra definitivo, e la libertà, invece di essere uno spazio in cui respirare, diventa un campo in cui sopravvivere.

Forse è arrivato il momento di riconoscere che non tutto ciò che libera da un vincolo rende davvero più liberi, e che esistono limiti che non schiacciano ma sostengono, che non riducono l'uomo ma lo proteggono dalla dispersione. Senza questa consapevolezza, continueremo a inseguire un'idea di libertà che, mentre promette pienezza, lascia dietro di sé un'umanità sempre più incerta, più vulnerabile, più stanca di dover essere continuamente all'altezza di se stessa.

E riconoscere questo non significa rimpiangere un passato in cui l'uomo era soffocato da vincoli imposti dall'esterno, ma comprendere che tra l'oppressione e la dispersione esiste una via più umana, una libertà che non si definisce contro ogni limite ma dentro un orizzonte che la precede e la rende sensata. Perché il limite, quando è legato a ciò che vale, non è una catena ma una direzione, non è una barriera ma una forma, e solo ciò che ha forma può essere abitato senza logorare chi lo vive.

Il nostro tempo, invece, ha ereditato una libertà sempre più vasta senza aver più chiaro che cosa la renda buona, e quando il bene non è più riconosciuto come qualcosa di reale ma solo come preferenza soggettiva, ogni scelta resta sospesa, fragile, sempre rivedibile. In questa instabilità permanente l'uomo perde il senso del passo, non sa più quando fermarsi, quando dire "questo basta", quando accettare che la vita non si misura dalla quantità di opzioni aperte ma dalla qualità di ciò a cui ci si lega.

Così la libertà diventa una corsa continua a non perdere nulla, a non chiudere nessuna porta, a non rinunciare a nessuna possibilità, ma vivere senza rinunciare mai è impossibile, perché ogni vita reale è fatta di esclusioni, di scelte che tagliano, di direzioni che lasciano indietro altre strade. Senza questa capacità di assumere il limite, l'uomo resta in una condizione di eterna provvisorietà, e la provvisorietà, se diventa la forma stabile della vita, finisce per svuotarla di spessore.

È qui che la libertà, invece di essere una conquista, si trasforma in una fatica, perché chiede all'individuo di essere costantemente vigile, pronto, adattabile, come se non potesse mai deporre le armi, mai consegnarsi a qualcosa di più grande della propria volontà. Ma una libertà che non sa consegnarsi a nulla non trova mai riposo, e senza riposo anche la gioia si consuma, perché manca quella sicurezza profonda che nasce dal sapere di appartenere a qualcosa che non crolla al primo cambiamento.

Forse la fragilità che attraversa il nostro tempo non è il segno che abbiamo troppa libertà, ma che abbiamo una libertà senza fondamento, una libertà che non poggia su nulla di stabile e che per questo deve continuamente reggersi da sola. E reggersi da soli, alla lunga, stanca chiunque. L'uomo ha bisogno di un orizzonte che lo preceda, di un senso che non sia interamente prodotto da lui, di un limite che non sia solo una restrizione ma anche una protezione, una forma che lo contenga senza schiacciarlo.

Finché continueremo a pensare la libertà come pura assenza di vincoli, continueremo a stupirci del fatto che, pur avendo moltiplicato le possibilità, l'uomo si senta sempre più esposto, più incerto, più vulnerabile. Perché senza misura, la libertà non diventa grande, diventa indefinita, e ciò che è indefinito non si abita, si attraversa con fatica, senza mai sentirsi davvero a casa. E forse il segno più evidente che questa libertà senza fondamento non basta è il fatto che, pur potendo decidere quasi tutto, ci sentiamo sempre meno sicuri di ciò che siamo, come se l'assenza di un riferimento stabile avesse tolto alla persona anche il senso della propria consistenza. Quando tutto è rimesso alla scelta individuale, anche l'identità diventa un progetto continuamente in revisione, e vivere come un progetto che non finisce mai significa non potersi mai abitare del tutto, non potersi mai accogliere come qualcosa di dato, di reale, prima ancora di essere migliorato.

In questo scenario la libertà non è più uno spazio in cui crescere, ma una pressione a non fermarsi mai, a non accettare mai un punto di arrivo, a non riconoscere mai un limite come parte della propria forma. Ma un'esistenza senza punti di arrivo è una corsa che non conosce tregua, e una corsa senza tregua consuma, perché l'uomo ha bisogno di luoghi interiori in cui poter dire "qui posso restare", "qui posso smettere di dimostrare", "qui non devo essere altro da ciò che sono".

Forse è proprio questo che manca alla libertà del nostro tempo: un luogo dove posarsi, un orizzonte che non debba essere continuamente ricreato, qualcosa che non dipenda interamente dal nostro sforzo ma che possa sostenerlo. Senza questo appoggio, ogni conquista resta precaria, ogni scelta revocabile, ogni legame fragile, e la vita si trasforma in una continua negoziazione con se stessi e con il mondo, una trattativa senza fine che logora lentamente.

Così la libertà, che avrebbe dovuto renderci più forti, si trasforma in una vulnerabilità diffusa, perché senza misura non c'è forma, e senza forma non c'è stabilità. L'uomo non è fatto per essere illimitato in senso assoluto, ma per vivere dentro una forma che lo definisce e lo protegge, che gli permette di riconoscersi, di sapere chi è, di non dover reinventare ogni giorno le fondamenta della propria esistenza.

Forse è arrivato il momento di riconoscere che il limite non è sempre un nemico, che esistono confini che non chiudono ma custodiscono, che non imprigionano ma sostengono. Senza questa riscoperta, continueremo a vivere dentro un'idea di libertà che promette pienezza e produce dispersione, che promette autonomia e genera solitudine, che promette potenza e lascia dietro di sé un'umanità sempre più fragile, più incerta, più stanca di dover essere continuamente all'altezza di se stessa.

Questa stanchezza, che nasce dal dover essere continuamente all'altezza di se stessi, è forse una delle forme più sottili di pressione che l'uomo contemporaneo sperimenta, perché non arriva più da un'autorità esterna chiaramente identificabile, ma dall'idea interiorizzata di dover costruire da soli la propria forma, il proprio valore, il proprio senso. È una pressione silenziosa, che non ha il volto della costrizione ma quello dell'opportunità infinita, e proprio per questo è più difficile da riconoscere, perché si presenta come libertà mentre agisce come peso.

Quando tutto dipende dalla mia capacità di scegliere bene, di gestire bene, di progettare bene, ogni incertezza diventa un difetto personale, ogni difficoltà una prova di non essere stati abbastanza capaci, abbastanza lungimiranti, abbastanza forti. Senza un orizzonte che accolga anche il limite, la fragilità, l'imprevisto come parte della condizione umana, l'uomo finisce per vivere ogni crepa come una colpa, ogni fatica come un fallimento, e questo logora dall'interno, perché nessuno può sostenere a lungo l'idea di dover bastare completamente a se stesso.

Forse è qui che si manifesta il vero paradosso della libertà senza limiti, perché mentre promette di liberarci da ogni dipendenza, ci rende dipendenti dal nostro stesso rendimento, dalla nostra capacità di essere sempre all'altezza delle possibilità che abbiamo. Diventiamo sorveglianti di noi stessi, giudici severi delle nostre scelte, costantemente impegnati a confrontare ciò che siamo con ciò che potremmo essere, e questo confronto continuo, privo di una misura più alta che relativizzi il nostro sforzo, si trasforma in una forma di autoesaurimento.

In questa condizione anche il riposo diventa difficile, perché riposare significa sospendere il controllo, accettare di non essere sempre attivi, produttivi, performanti, e questo gesto, che dovrebbe essere naturale, viene vissuto quasi come una perdita di tempo, come una colpa verso le opportunità non sfruttate. Così la libertà, invece di aprire spazi di respiro, stringe la vita dentro un ritmo che non concede tregua, perché non c'è più nulla che dica "puoi fermarti", "non tutto dipende da te", "non sei tu il fondamento ultimo di ciò che vivi".

Forse la fragilità che attraversa il nostro tempo nasce proprio da questa assenza di fondamento, da questa libertà che non poggia su nulla di stabile e che per questo deve continuamente sostenersi da sola. L'uomo, però, non è fatto per essere il proprio unico sostegno, perché c'è in lui un bisogno di appoggio, di appartenenza, di riferimento a qualcosa che non sia interamente prodotto dalla sua volontà. Senza questo riferimento, la libertà resta sospesa, e ciò che resta sospeso, prima o poi, stanca.

È per questo che la domanda sul limite non è una questione secondaria, ma tocca il cuore della condizione umana, perché il limite non è solo ciò che impedisce, ma anche ciò che contiene, ciò che rende possibile una forma, ciò che protegge dalla dispersione. Senza questa comprensione, continueremo a vivere in un'epoca che si crede più libera che mai e che, proprio per questo, produce uomini sempre più vulnerabili, più incerti, più affaticati dal dover essere continuamente all'altezza di una libertà che non riesce più a sostenere.

E forse il segno più profondo che questa libertà non basta è il modo in cui cerchiamo continuamente di ri-empirla, come se temessimo il vuoto che si apre quando non siamo occupati a scegliere, a migliorare, a inseguire qualcosa. Il silenzio diventa imbarazzante, la pausa inquietante, il tempo non programmato quasi minaccioso, perché in quei momenti affiora la domanda che cerchiamo di tenere sotto controllo: a che cosa serve tutto questo movimento, tutto questo sforzo, se non c'è un orizzonte che lo raccolga?

Quando la libertà non è orientata verso qualcosa che la supera, diventa facilmente consumo di possibilità, esperienza dopo esperienza, progetto dopo progetto, senza che nulla riesca davvero a fermare il desiderio in un punto che possa essere chiamato compimento. E senza compimento, la vita resta sempre in attesa, sempre proiettata in avanti, sempre incompleta. Questa incompiutezza permanente, che un tempo era riconosciuta come segno di un desiderio più grande, oggi viene vissuta solo come frustrazione, come prova di non aver fatto abbastanza, di non aver scelto bene.

Così la libertà si intreccia con un senso di insufficienza cronica, perché se il significato della vita dipende interamente da ciò che riesco a costruire, allora ciò che costruisco non basterà mai, e ogni traguardo raggiunto diventa solo un punto da cui ripartire, non un luogo in cui sostare. L'uomo, in questa condizione, è sempre in viaggio ma non arriva mai, sempre impegnato ma raramente pacificato.

Forse il limite, quello che abbiamo cercato di espellere come un nemico, era anche ciò che permetteva di riconoscere un confine tra il possibile e l'impossibile, tra ciò che dipende da noi e ciò che non dipende, e in questa distinzione c'era una forma di pace, la consapevolezza che non tutto è sulle nostre spalle. Senza questa distinzione, tutto diventa compito, tutto responsabilità, tutto terreno di giudizio su se stessi, e la libertà si trasforma in un carico che nessuna forza individuale può reggere a lungo.

Forse è proprio qui che si comprende come la libertà, slegata da un orizzonte più grande, non solo non salva l'uomo dalla fragilità, ma la amplifica, perché lo espone a una pressione continua senza offrirgli un luogo in cui deporre il peso. Senza qualcosa che non sia prodotto da noi ma che ci sostenga, la libertà resta sospesa, e ciò che resta sospeso stanca, logora, consuma lentamente l'energia interiore.

Ed è per questo che, nonostante il linguaggio della libertà riempia il nostro tempo, cresce una sensazione diffusa di vulnerabilità, di incertezza, di affaticamento, come se avessimo ampliato enormemente lo spazio in cui muoverci ma avessimo perso il terreno su cui poggiare i piedi. Senza quel terreno, ogni passo richiede uno sforzo maggiore, e camminare, che dovrebbe essere naturale, diventa faticoso.

E quando camminare diventa faticoso nonostante il terreno sia apparentemente più agevole che in passato, è il segno che il problema non riguarda solo le condizioni esterne, ma il modo in cui l'uomo sta dentro quelle condizioni, la struttura invisibile che sostiene o meno il suo passo. Possiamo avere strade più lisce, mezzi più veloci, strumenti più efficaci, ma se manca una direzione riconosciuta, se manca un senso che preceda il movimento, anche il cammino più comodo si trasforma in un vagare, e il vagare, alla lunga, stanca più della salita.

Forse il nostro tempo ha confuso il moltiplicarsi delle possibilità con l'approfondirsi della vita, senza accorgersi che l'ampiezza non sostituisce la profondità, e che una libertà che si estende all'infinito senza radicarsi in qualcosa di stabile rischia di diventare superficiale, non nel senso morale del termine, ma nel senso esistenziale, come qualcosa che scorre in superficie senza mai penetrare davvero. In questa superficie l'uomo si muove molto, sperimenta molto, cambia spesso, ma fatica a trovare quel punto in cui dire "qui la mia vita ha una forma, qui posso restare".

Il limite, che abbiamo imparato a temere, era anche ciò che permetteva alla libertà di diventare fedeltà, continuità, storia, e senza storia la vita si frammenta in episodi che non riescono a costruire un senso complessivo. L'uomo ha bisogno di potersi raccontare una storia che tenga insieme il prima e il dopo, il successo e l'errore, la forza e la debolezza, ma questo racconto è possibile solo se c'è qualcosa che resta, qualcosa che non viene rimesso in discussione a ogni svolta. Senza questo nucleo stabile, tutto diventa revisionabile, e una vita sempre revisionabile non diventa mai davvero abitabile.

Forse è qui che la libertà senza limiti mostra il suo volto più fragile, perché non offre all'uomo un centro, ma lo lascia in balia delle proprie possibilità, come se l'infinito fosse il suo orizzonte naturale, mentre l'uomo, nella sua concretezza, ha bisogno di forma, di confine, di un luogo simbolico in cui poter deporre il peso delle scelte e riconoscersi parte di qualcosa che non dipende interamente dalla sua volontà.

Senza questa appartenenza, la libertà si trasforma in solitudine, e la solitudine, quando riguarda il senso ultimo della vita, è una delle forme più pesanti di fatica. È una solitudine che non si risolve con più relazioni o più attività, perché riguarda il modo in cui l'uomo si percepisce nel mondo, il fatto di non avere più un riferimento che lo preceda e lo sostenga.

Forse, allora, la domanda non è se dobbiamo avere più o meno libertà, ma che tipo di libertà vogliamo vivere, se una libertà che si crede assoluta e per questo si disperde, o una libertà che accetta di avere una misura e proprio per questo può diventare casa, storia, forma di vita. Senza questo passaggio, continueremo a chiamare progresso ciò che spesso viviamo come fatica, e a stupirci del fatto che, pur avendo spezzato tanti vincoli, l'uomo sembri oggi più fragile che mai.

E forse è proprio in questa parola, casa, che si nasconde qualcosa che abbiamo smesso di comprendere fino in fondo, perché casa non è semplicemente un luogo fisico o una condizione di comfort, ma uno spazio in cui la vita può sostare senza essere continuamente messa alla prova, un luogo in cui l'identità non deve essere ogni volta dimostrata, giustificata, costruita da capo. Quando la libertà non conduce a una casa ma a un movimento perpetuo, l'uomo finisce per vivere come un viaggiatore senza approdo, sempre in cammino ma senza un punto in cui fermarsi davvero.

Abbiamo celebrato il nomadismo come simbolo di apertura, la possibilità di cambiare sempre come segno di vitalità, ma ogni essere umano ha bisogno anche di radici, di legami che non siano continuamente negoziabili, di riferimenti che non dipendano solo dall'umore o dalle circostanze. Senza radici, la libertà non diventa leggerezza, ma sradicamento, e uno sradicamento prolungato produce una forma di fragilità che non si vede subito ma che si accumula nel tempo, come una stanchezza che non trova mai riposo.

Forse è qui che il limite, così spesso percepito come un nemico, mostra il suo volto più umano, perché il limite è anche ciò che definisce un luogo, ciò che traccia un confine dentro cui qualcosa può essere custodito, protetto, riconosciuto come proprio. Senza confini non c'è luogo, e senza luogo non c'è appartenenza, ma solo passaggio. L'uomo, però, non è fatto per essere solo di passaggio nella propria vita, ha bisogno di potersi dire parte di qualcosa, inserito in una storia che non inizia e non finisce con lui.

Quando questa dimensione viene meno, la libertà resta come sospesa, sempre aperta ma mai compiuta, sempre in potenza ma raramente in atto pieno. E una libertà che non si compie diventa inquietudine, perché il desiderio umano non cerca solo possibilità, ma pienezza, e la pienezza non si trova nell'illimitato, ma in ciò che, pur limitato, è riconosciuto come vero, come degno di essere scelto una volta per tutte.

Forse la fragilità del nostro tempo nasce proprio da questa difficoltà a scegliere qualcosa come definitivo, a legarsi a un senso che non sia continuamente rivedibile, a riconoscere che non tutto deve restare aperto per essere vivo. Senza questa capacità di assumere il limite, l'uomo resta esposto a una libertà che promette tutto e non consegna nulla, che apre infinite strade ma non conduce a una casa.

E finché continueremo a fuggire dal limite come se fosse il contrario della libertà, continueremo a sperimentare questa strana contraddizione: più possibilità e meno pace, più scelta e meno stabilità, più apertura e meno senso di appartenenza. Forse il passo decisivo non è ampliare ancora lo spazio della libertà, ma ritrovare una misura che la renda abitabile, una forma che la sostenga, un orizzonte che le permetta di diventare vita e non solo movimento.

E ritrovare questa misura non significa tornare a un sistema di regole imposte dall'esterno senza senso, ma riconoscere che esiste una struttura della vita umana che non inventiamo noi, una trama di significati che precede le nostre scelte e dentro cui le nostre scelte possono diventare feconde. Perché la libertà non nasce nel vuoto, ma dentro una realtà che la rende possibile, e quando dimentichiamo questa realtà, la libertà si gonfia oltre la sua capacità di essere vissuta e finisce per schiacciare chi la porta.

Forse il punto è proprio questo: abbiamo voluto una libertà senza eredità, senza appartenenza, senza debiti verso ciò che ci ha preceduto, come se ogni generazione potesse ricominciare da zero, definire da sola che cosa è bene, che cosa vale, che cosa merita fedeltà. Ma l'uomo non nasce nel vuoto, nasce dentro una storia, dentro legami, dentro significati che non ha creato lui e che proprio per questo possono sostenerlo. Senza questa continuità, ogni individuo è costretto a costruire da solo ciò che un tempo veniva trasmesso, e questo compito, che può sembrare liberante, diventa spesso una fatica sproporzionata.

In questa solitudine generazionale la libertà perde anche il suo legame con la gratitudine, con il riconoscere di aver ricevuto qualcosa prima ancora di aver scelto, e quando non ci si sente debitori di nulla, diventa più difficile prendersi cura di qualcosa, custodire, restare fedeli. La vita si riduce a un progetto personale da realizzare finché dura, e ciò che non rientra in questo progetto appare secondario, opzionale, facilmente sacrificabile.

Forse è qui che la fragilità diventa collettiva, perché una società fatta di individui che non si sentono parte di una storia più grande fatica a resistere alle difficoltà, a sostenere legami duraturi, a riconoscere qualcosa come valido anche quando costa. Senza un orizzonte che vada oltre il presente immediato, anche il futuro perde consistenza, diventa solo una proiezione dei desideri attuali, non una promessa da custodire.

Così la libertà, che avrebbe dovuto renderci più forti, più maturi, più responsabili, si trasforma spesso in una condizione di precarietà permanente, perché manca un terreno stabile su cui appoggiarsi. L'uomo, lasciato solo a fondare se stesso, scopre di non bastare, e questa scoperta, se non viene riconosciuta, si trasforma in ansia, in insoddisfazione, in quella stanchezza esistenziale che attraversa il nostro tempo.

Forse il vero passo in avanti non è continuare a togliere limiti, ma imparare a distinguere tra i limiti che schiacciano e quelli che sostengono, tra i vincoli che umiliano e quelli che custodiscono, tra le chiusure che impediscono la vita e le forme che la rendono possibile. Senza questa distinzione, continueremo a combattere contro tutto ciò che ci contiene, senza accorgerci che, insieme alle catene, stiamo spezzando anche le strutture che permettono alla libertà di non disperdersi.

E quando si spezzano anche queste strutture invisibili che sostengono la libertà, l'uomo resta esposto a una condizione che può sembrare aperta ma che in realtà è precaria, perché tutto dipende dalla sua capacità di reggere, di scegliere, di dare forma da solo a ciò che vive. Questa esposizione continua non è sempre percepita in modo chiaro, ma si traduce in una tensione di fondo, in una fatica che accompagna anche i momenti apparentemente sereni, come se sotto la superficie restasse la sensazione che nulla sia davvero stabile, che tutto possa cambiare, che nulla sia abbastanza solido da sostenere a lungo il peso della vita.

In questa instabilità, anche il futuro perde la sua consistenza, perché non è più legato a qualcosa che dura oltre le scelte individuali, ma dipende interamente dalla capacità dei singoli di continuare a scegliere, a produrre, a reggere il ritmo. Senza un orizzonte condiviso che vada oltre il presente, il futuro diventa un'estensione del presente, non una promessa, e vivere senza promessa significa vivere senza respiro, sempre schiacciati sull'immediato.

Forse è proprio qui che si comprende quanto la libertà, se non è radicata in qualcosa che la precede, finisca per diventare una forma di solitudine, non quella della mancanza di relazioni, ma quella più profonda di chi non ha un luogo simbolico in cui riconoscersi parte di un ordine più grande. Senza questa appartenenza, l'uomo resta chiuso nella misura delle proprie forze, e quando le forze calano, quando arrivano le difficoltà, non c'è nulla che sostenga, nulla che tenga anche quando l'io vacilla.

È per questo che la fragilità contemporanea non è semplicemente una questione psicologica o sociale, ma riguarda il modo in cui l›uomo si colloca dentro il mondo, il fatto di non riconoscere più nulla come fondamento che non sia lui stesso. E un fondamento che coincide con l›individuo è un fondamento instabile, perché l›uomo, per sua natura, è finito, vulnerabile, esposto al tempo e agli eventi.

Forse il limite, che abbiamo cercato di espellere come un nemico, era anche il segno che non tutto dipende da noi, che esiste qualcosa di più grande che sostiene ciò che facciamo, e questa consapevolezza non toglie libertà, ma la rende respirabile, perché solleva l'uomo dall'illusione di dover essere il proprio unico appoggio. Senza questa liberazione dal peso di dover fondare tutto da soli, la libertà resta un compito troppo grande per le nostre spalle.

E allora si comprende come la libertà senza limiti, lungi dall'essere la forma più alta di emancipazione, possa trasformarsi in una condizione che espone l'uomo a una vulnerabilità continua, a una stanchezza che non nasce solo dal fare troppo, ma dal dover reggere troppo, dal dover essere da soli ciò che nessun uomo può essere da solo: il fondamento ultimo della propria vita. E quando l'uomo è costretto, anche senza accorgersene, a occupare il posto del fondamento, a reggere sulle proprie spalle l'intero peso del senso, qualcosa dentro di lui si tende oltre misura, perché nessuno è fatto per essere l'ultima istanza di se stesso, l'orizzonte definitivo oltre il quale non c'è nulla. Questa tensione eccessiva non sempre esplode in modo evidente, ma si infiltra nella vita quotidiana come una stanchezza profonda, una fatica di fondo che non si lascia spiegare soltanto con i ritmi di lavoro o con le pressioni sociali. Forse è per questo che, pur vivendo in un'epoca di diritti e di possibilità, si diffonde un senso di precarietà esistenziale che non dipende solo dall'economia o dalla politica, ma dal fatto che l'uomo si trova a vivere come se tutto fosse nelle sue mani, come se non potesse più contare su nulla che non sia frutto della propria volontà. Ma una volontà senza appoggi si consuma, perché deve continuamente alimentarsi da sola, giustificarsi, sostenersi, e questo sforzo incessante finisce per svuotare l'energia interiore.

In questa condizione la libertà non è più un dono, ma un compito infinito, e il compito infinito, quando non è sostenuto da qualcosa che lo supera, diventa oppressivo. L'uomo, allora, cerca sollievo dove può, nelle distrazioni, nelle occupazioni, nelle novità, ma nulla riesce a toccare il punto più profondo, perché il problema non è la mancanza di stimoli, ma la mancanza di un senso che preceda lo sforzo e lo giustifichi.

Forse è qui che si comprende come il limite, lungi dall'essere solo una negazione, fosse anche una protezione, il segno che non tutto è sulle nostre spalle, che esiste un ordine che non dobbiamo costruire da zero, un senso che non dobbiamo inventare ma riconoscere. Senza questa protezione, la libertà resta esposta al rischio di trasformarsi in un peso troppo grande, e l'uomo, invece di sentirsi liberato, si scopre stanco, vulnerabile, incerto.

È per questo che la fragilità del nostro tempo non è solo un effetto collaterale del progresso, ma il segnale che qualcosa nel modo in cui abbiamo pensato la libertà ha bisogno di essere rivisto, perché una libertà senza misura, senza limite, senza fondamento, non è più una casa in cui abitare, ma uno spazio aperto in cui è difficile restare in piedi.

E restare in piedi diventa difficile non perché manchino le risorse esterne, ma perché viene meno quella struttura interiore che nasce dal sapere di non essere soli a sostenere tutto, di non essere il punto ultimo oltre il quale non c'è nulla. Quando questa consapevolezza si affievolisce, l'uomo si ritrova come sospeso, chiamato a decidere tutto senza potersi affidare a nulla, e questa condizione, che può sembrare una forma estrema di autonomia, si trasforma lentamente in un isolamento che logora.

Forse il nostro tempo ha dimenticato che la libertà non è soltanto potere di scelta, ma anche capacità di aderire a qualcosa che riconosciamo come vero, come buono, come degno di fedeltà, qualcosa che non dipende interamente dal nostro stato d'animo o dalle circostanze. Senza questa adesione, la libertà si riduce a una successione di decisioni scollegate, e una vita fatta solo di decisioni senza radicamento non costruisce un percorso, ma una serie di deviazioni che non si tengono insieme.

In questa frammentazione, anche il senso del tempo cambia, perché senza un orizzonte stabile, il passato perde autorità e il futuro perde promessa, e l'uomo resta schiacciato su un presente sempre più denso e sempre più fragile. Senza una direzione che vada oltre l'immediato, ogni scelta pesa di più, perché non è inserita in una storia che la sostiene, ma resta isolata, esposta al dubbio, al rimpianto, al confronto continuo con ciò che avrebbe potuto essere.

Forse è per questo che, pur avendo moltiplicato le possibilità, ci sentiamo più insicuri, perché la libertà, quando non è legata a qualcosa di stabile, non genera fiducia ma incertezza, non produce forza ma vulnerabilità. L'uomo ha bisogno di sapere che non tutto è nelle sue mani, che esiste un senso che lo precede e lo sostiene, che il limite non è solo una barriera ma anche un appoggio.

Senza questa consapevolezza, la libertà resta come un compito infinito, e un compito infinito, quando non è sostenuto da un fondamento che non dipende da noi, diventa un peso che nessuno può portare a lungo senza stancarsi. Forse è proprio qui che si gioca la fragilità del nostro tempo, in questa libertà che ha perso il suo legame con il limite e che, proprio per questo, invece di rafforzare l'uomo, lo espone a una fatica continua, a una vulnerabilità che nessuna conquista esterna riesce a compensare.

E questa fatica continua, che non si lascia eliminare con più comfort o più possibilità, è forse il segnale che la libertà, per essere umana, ha bisogno di qualcosa che la preceda e la orienti, di un senso che non sia interamente prodotto dalla volontà individuale. Senza questo orientamento, ogni scelta resta sospesa, ogni decisione isolata, e la vita si trasforma in una sequenza di atti che non riescono a costruire un'unità, una forma riconoscibile, una storia in cui potersi ritrovare.

Forse il nostro errore è stato pensare che l'uomo potesse vivere soltanto di possibilità, come se l'apertura infinita fosse di per sé una ricchezza sufficiente, mentre l'esperienza mostra che l'apertura, senza una direzione, si trasforma in dispersione. L'uomo non ha bisogno solo di spazio, ma di un orientamento dentro lo spazio, di qualcosa che dica dove andare, cosa vale la pena scegliere, a cosa legarsi anche quando costa.

Senza questa indicazione, la libertà resta un potenziale che non diventa vita piena.

È qui che il limite, tanto temuto, rivela la sua funzione più profonda, perché non è soltanto ciò che impedisce, ma ciò che delimita un campo, che rende possibile una forma di vita, che permette all›uomo di non perdersi nell›indefinito. Senza confini, il paesaggio si allarga fino a diventare indistinto, e ciò che è indistinto non si abita, si attraversa con incertezza. **Il limite**, quando è legato a ciò che vale, non chiude, ma orienta, non imprigiona, ma custodisce.

Forse la fragilità che attraversa il nostro tempo nasce proprio da questa perdita di orientamento, da una libertà che non sa più a cosa rispondere, a cosa aderire, a cosa affidarsi. Senza questa risposta, l'uomo resta solo con le proprie possibilità, e le possibilità, per quanto numerose, non bastano a dare pace. La pace nasce dal sapere che la propria libertà è inserita in un ordine che la supera e la sostiene, che non tutto dipende da noi, che non siamo soli a reggere il senso di ciò che viviamo. Finché continueremo a pensare la libertà come pura assenza di vincoli, continueremo a produrre uomini formalmente più liberi ma interiormente più vulnerabili, perché una libertà senza fondamento è una libertà esposta, e ciò che è esposto, alla lunga, si consuma. Forse il passo decisivo non è ampliare ancora lo spazio delle possibilità, ma ritrovare una misura che renda la libertà abitabile, una forma che la sostenga, un orizzonte che le permetta di diventare casa e non solo movimento senza fine.

E diventare casa è ciò che la libertà da sola non riesce a fare, se non incontra qualcosa che la precede e la sostiene, perché una casa non è semplicemente uno spazio aperto, ma uno spazio che ha forma, confini, una struttura che permette di abitare senza dover continuamente ricominciare da zero. Senza questa struttura, l'uomo resta in un movimento perpetuo, sempre in cerca, sempre in tensione, come se la vita fosse un passaggio continuo senza un luogo in cui potersi riconoscere.

Forse è proprio questa la fragilità nascosta dietro la libertà senza limiti, il fatto che, togliendo ogni riferimento stabile, abbiamo tolto anche ciò che permetteva all'uomo di non doversi fondare da solo, di non dover reggere interamente sulle proprie spalle il peso del senso. Senza un orizzonte che non dipende dalla sua volontà, l'individuo si trova a essere misura di tutto, ma una misura così piccola non basta a contenere l'ampiezza del desiderio umano, e così il desiderio resta senza risposta, trasformandosi in inquietudine.

Questa inquietudine non è un difetto da correggere, ma un segnale, perché indica che l'uomo è fatto per qualcosa che supera la semplice gestione delle possibilità, che ha bisogno di un orientamento che non si esaurisce nelle sue scelte, di un bene che non inventa ma riconosce. Senza questo riconoscimento, la libertà resta sospesa, e una libertà sospesa è una libertà faticosa, sempre esposta al dubbio, alla revisione, al confronto con ciò che avrebbe potuto essere.

Forse il nostro tempo sta scoprendo, senza ancora saperlo dire chiaramente, che una libertà senza limite non è una libertà più grande, ma una libertà più fragile, perché l'uomo, lasciato solo con le sue possibilità, si scopre più vulnerabile di quanto avesse immaginato. E allora la questione non è tornare a vincoli imposti dall'esterno, ma riscoprire quei limiti che non umiliano, ma custodiscono, che non chiudono, ma danno forma, che non tolgono respiro, ma lo rendono possibile.

È qui che si apre il passaggio decisivo, perché se il limite non è solo un nemico ma anche una protezione, se la libertà ha bisogno di una misura per diventare vita e non solo possibilità, allora la domanda successiva non riguarda più soltanto l'individuo, ma ciò che, nella nostra epoca, ha preso il posto di quell'orizzonte che un tempo dava forma alla libertà.

Perché quando un orizzonte scompare, non resta il vuoto neutro che immaginiamo, ma qualcosa prende il suo posto, sempre. L'uomo non vive mai senza riferimenti, senza qualcosa che consideri degno di orientare le sue scelte, di giustificare i suoi sforzi, di dare un senso alle sue rinunce. Se non riconosce un limite che lo precede, finisce per crearne altri, se non si affida a qualcosa di più grande, finisce per assolutizzare qualcosa di più piccolo. Il problema non è che smettiamo di credere, ma che spostiamo il centro.

Così, mentre la libertà si allarga e i limiti tradizionali vengono messi da parte, altri limiti, meno visibili ma altrettanto forti, iniziano a emergere: il bisogno di successo, il confronto continuo, l'approvazione degli altri, l'immagine, la prestazione, la paura di restare indietro. Queste nuove misure non si presentano come vincoli, ma come possibilità, come stimoli, come opportunità da cogliere, e proprio per questo sono più difficili da riconoscere come ciò che sono: criteri che definiscono il valore della vita, parametri che dicono chi conta e chi no. In questo modo la libertà che voleva essere senza padroni finisce per consegnarsi a nuove forme di dipendenza, più sottili perché interiori, più pervasive perché condivise, più difficili da mettere in discussione perché sembrano naturali. Non c'è più un'autorità esterna che impone, ma una pressione diffusa che spinge a essere sempre all'altezza, sempre visibili, sempre capaci, sempre desiderabili. È una libertà che si muove dentro confini che non ha scelto davvero, ma che ha interiorizzato come evidenti.

Forse è proprio qui che si compie il paradosso: nel tentativo di liberarci da ogni limite, abbiamo finito per consegnarci a limiti ancora più esigenti, perché non riconosciuti come tali. E questi nuovi limiti non danno forma alla vita, non la rendono abitabile, ma la mettono continuamente alla prova, la trasformano in una competizione silenziosa, in un esame che non finisce mai.

Se il limite che abbiamo perso era legato al senso, alla misura, all'idea che l'uomo non è il centro assoluto di tutto, i limiti che abbiamo guadagnato sono legati alla prestazione, all'immagine, al confronto, e non custodiscono, ma consumano. È qui che la libertà, svuotata del suo fondamento, si trasforma in una corsa continua a dimostrare di essere qualcuno, a costruire un valore che non si sente più dato ma deve essere continuamente prodotto.

Ed è a questo punto che la domanda cambia ancora: se non è più il limite a opprimerci, ma l'assenza di
un limite che dia forma alla vita, allora cosa ha preso
il posto di quell'orizzonte più grande che un tempo
orientava l'uomo?
È da qui che comincia il prossimo passo del nostro
viaggio.

IL NUOVO DIO È L'IO

Quando un orizzonte più ampio svanisce e non esiste più nulla che l'uomo percepisca come superiore e in grado di dare misura alla sua libertà, non rimane semplicemente uno spazio vuoto e neutro. L'essere umano non è fatto per vivere senza un centro, senza qualcosa che consideri degno di orientare la sua esistenza. Così, quasi senza accorgersene, sposta il fulcro su ciò che gli è più vicino, più immediato, più controllabile: se stesso. Questo non avviene in modo improvviso né dichiarato, ma attraverso un lento slittamento, un cambiamento di prospettiva che si manifesta nel modo di parlare, pensare e sentire. Ciò che diventa importante è ciò che si prova, ciò che si desidera, ciò che fa star bene e ciò che rappresenta. Il bene non è più qualcosa da riconoscere, ma da definire. La verità non è più da cercare, ma da costruire. Il senso non è più una scoperta, ma una produzione.

L'io, che un tempo si muoveva all'interno di un orizzonte che lo precedeva, diventa così il punto di partenza e di arrivo, la misura di ciò che vale e il criterio ultimo di giudizio. Apparentemente, è il trionfo dell'autonomia, dell'autenticità, della liberazione da imposizioni esterne. In realtà, è l'inizio di un enorme fardello, perché l'io, lasciato solo al centro di tutto, deve fare ciò che nessun io è in grado di fare: fondare il senso della propria vita.

Finché l'uomo si riconosceva dentro un ordine indipendente da lui, poteva commettere errori senza sentirsi crollare il mondo addosso, affrontare fallimenti senza mettere in discussione il proprio valore ultimo e attraversare momenti oscuri senza perdere del tutto l'orientamento. Oggi, invece, quando il senso coincide con ciò che l'io riesce a costruire, ogni crepa diventa una minaccia radicale, ogni insuccesso un giudizio su ciò che si è, non solo su ciò che si è fatto.

L'io, diventato centro assoluto, si trasforma in un territorio fragile, continuamente esposto, perché deve essere sempre confermato, sostenuto, validato. Non basta più essere; bisogna sentirsi di essere, mostrarsi di essere, convincersi di essere. L'identità non è più un dato da accogliere e maturare, ma un progetto da mantenere, un'immagine da difendere, un equilibrio da non perdere.

In questa condizione, l'uomo non vive più semplicemente, ma si osserva vivere, si valuta, si confronta, si misura continuamente. La vita diventa una vetrina e al contempo un tribunale, e l'io si trova a essere insieme attore e giudice, accusato e difensore, senza poter mai uscire dal processo. È una forma di solitudine nuova, perché anche quando siamo circondati da altri, il centro resta chiuso nell'io, e tutto ciò che accade viene filtrato attraverso la domanda: cosa dice di me, cosa significa per me, come mi fa apparire.

Forse è qui che si compie il passaggio decisivo della nostra epoca: non abbiamo smesso di avere un centro; abbiamo messo al centro qualcosa che non può reggere quel posto. L'io è troppo piccolo per essere dio, troppo fragile per fondare da solo il senso, troppo esposto al tempo, all'umore, alle circostanze per essere misura di tutto.

E quando qualcosa di troppo piccolo occupa un posto troppo grande, non si espande, si deforma. L'io, caricato di questo peso, non diventa più forte, ma più ansioso, più vulnerabile, più ossessionato dal controllo e dal riconoscimento. Perché se il mio valore dipende da me, allora ogni sguardo diventa un giudizio, ogni confronto una minaccia, ogni fallimento un crollo.

Forse il disagio diffuso del nostro tempo nasce anche da qui, dal fatto che abbiamo messo sulle spalle dell'io un compito che nessun io può sostenere a lungo: essere il fondamento ultimo della propria vita.

Quando l'io prende il posto di ciò che un tempo lo superava, non diventa semplicemente più libero, ma diventa più pesante, perché deve sostenere qualcosa che non è fatto per sostenere. L'io, per sua natura, è mobile, sensibile, vulnerabile, attraversato da emozioni, paure, desideri che cambiano, e quando diventa il punto fisso su cui tutto si regge, questa instabilità naturale si trasforma in un problema permanente. Non c'è più un terreno solido sotto i piedi, ma solo un equilibrio da mantenere.

Così l'esistenza si trasforma in una continua gestione di sé, un'attenzione costante a come ci sentiamo, a come appariamo, a come veniamo percepiti, come se la vita fosse diventata un progetto di manutenzione dell'io. Ogni emozione negativa diventa sospetta, ogni fragilità un difetto da correggere, ogni insicurezza una falla da tappare, perché se il centro è l'io, allora tutto ciò che lo incrina diventa una minaccia alla stabilità dell'intero sistema.

In questo scenario cresce una sensibilità esasperata verso il giudizio, il confronto, lo sguardo degli altri, perché l'io, diventato fondamento, ha bisogno di continue conferme per reggersi. Il riconoscimento, che un tempo era una dimensione importante ma non assoluta della vita, diventa una necessità vitale, quasi un nutrimento senza il quale l'identità vacilla. Non si vive più soltanto per essere, ma per essere visti, approvati, confermati.

Il problema è che questo bisogno non si placa mai del tutto, perché nessuna approvazione esterna può colmare il vuoto lasciato dall'assenza di un fondamento più grande. Così si entra in un circolo senza fine, in cui più si cerca conferma, più si diventa dipendenti dallo sguardo altrui, e più si diventa dipendenti, più l'io si sente fragile, esposto, minacciato. La libertà, che avrebbe dovuto liberarci dal giudizio, finisce per consegnarci a un giudizio continuo, interiorizzato.

Forse è per questo che, in un'epoca che celebra l'autenticità, si diffonde una paura così forte di non essere abbastanza, di non essere giusti, di non essere all'altezza. Se il valore non è più legato a qualcosa che ci precede e ci sostiene, ma dipende dalla riuscita del nostro progetto personale, allora ogni difetto diventa un fallimento dell'io, ogni limite una smentita della nostra pretesa di autosufficienza.

In questa condizione, l'uomo si trova a dover difendere se stesso in modo costante, come se fosse sempre sotto esame, e questa difesa continua consuma energie profonde. Non c'è riposo vero quando l'io è sempre in scena, sempre in costruzione, sempre in valutazione. Anche i momenti di piacere diventano occasione di confronto, di esposizione, di verifica, e la vita, invece di essere un luogo in cui stare, diventa un palcoscenico da cui non si può scendere.

Forse il vero problema non è che l'uomo abbia imparato a dare valore a se stesso, ma che abbia finito per attribuire a se stesso un ruolo che non può sostenere, quello di misura ultima di tutto. Quando l'io occupa il posto di ciò che è più grande dell'io, non si esalta, si deforma, e questa deformazione si traduce in ansia, insicurezza, in quella fatica profonda di dover continuamente essere qualcuno, senza mai poter semplicemente essere.

E questa fatica di dover continuamente essere qualcuno, di dover giustificare la propria esistenza attraverso ciò che si prova, si mostra, si costruisce, è una delle forme più sottili di pressione che caratterizzano il nostro tempo, perché non ha il volto di un'imposizione esterna, ma quello di una richiesta interiorizzata, quasi invisibile, che accompagna ogni gesto. Non c'è più un'autorità che dice chi devi essere, ma una voce interna che chiede costantemente se sei abbastanza, se stai realizzando il tuo potenziale, se stai vivendo al massimo delle tue possibilità.

In questo clima l'io diventa insieme progetto e giudice del progetto, e questa sovrapposizione è logorante, perché non esiste un punto esterno da cui ricevere uno sguardo che non coincida con il nostro. L'uomo, chiuso dentro se stesso come centro ultimo, perde quella distanza che permette di relativizzare i propri errori, di accettare i propri limiti, di non identificarsi completamente con i propri successi o fallimenti. Tutto diventa definitivo, tutto parla dell'io, tutto pesa di più. Forse è per questo che cresce la difficoltà ad accettare la vulnerabilità, il fallimento, la debolezza, perché in un mondo in cui l'io è diventato il fondamento, mostrarsi fragili equivale quasi a incrinare le fondamenta stesse. E così si moltiplicano le strategie per proteggere l'immagine, per controllare ciò che si mostra, per costruire una versione di sé che regga allo sguardo degli altri, ma più l'immagine viene curata, più aumenta la distanza tra ciò che si vive e ciò che si espone, e questa distanza genera una forma di solitudine profonda. L'uomo non riesce più a riposare nemmeno dentro se stesso, perché l'interno è diventato un luogo di sorveglianza, di valutazione, di confronto continuo con un ideale di sé che si sposta sempre un po' più avanti. In questa corsa, il semplice fatto di esistere non basta più, bisogna sempre dimostrare, sempre migliorare, sempre crescere, come se la vita fosse un esame senza fine e non un cammino che include anche soste, pause, zone d'ombra.

Forse è qui che si vede con chiarezza quanto l'io, messo al posto di ciò che lo supera, non riesca a sostenere il peso che gli è stato affidato. Non perché l'uomo non abbia valore, ma perché il suo valore non nasce dal fatto di fondarsi da solo, bensì dal riconoscersi inserito in qualcosa di più grande. Senza questo inserimento, l'io resta solo con le proprie forze, e le forze dell'io, per quanto grandi, non sono infinite.

È questa sproporzione che genera ansia, insicurezza, bisogno continuo di conferme, perché quando l›io è il centro assoluto, non può mai sentirsi al sicuro. Ogni cambiamento lo minaccia, ogni giudizio lo tocca, ogni confronto lo mette in discussione. La libertà, invece di essere uno spazio in cui respirare, diventa un campo in cui l›io deve continuamente difendere la propria esistenza. Forse il disagio diffuso che attraversa il nostro tempo nasce anche da qui, da questa idolatria silenziosa dell'io, che non si presenta come culto ma come evidenza, e proprio per questo è difficile da riconoscere. Non abbiamo eliminato il bisogno di qualcosa di assoluto, lo abbiamo semplicemente spostato su qualcosa che non è assoluto, e quando il relativo viene trattato come assoluto, si spezza sotto il peso.

E quando si spezza, non sempre lo fa in modo spettacolare, ma attraverso crepe sottili che attraversano la vita quotidiana, quella sensazione di non bastare mai, di dover sempre dimostrare qualcosa, di non potersi permettere di essere semplicemente presenti senza un ruolo, una prestazione, un'immagine da sostenere. È una tensione costante che non fa rumore, ma consuma, perché l'io, messo al centro di tutto, non può mai smettere di giustificarsi.

Forse è qui che si comprende perché, pur parlando continuamente di autostima e di valorizzazione di sé, si diffonda una fragilità così marcata, perché un io che deve essere il proprio fondamento non può davvero riposare. Se il mio valore dipende in ultima istanza da me, allora ogni incertezza diventa una minaccia, ogni critica un terremoto, ogni confronto una prova. Non c'è più uno spazio in cui l'io possa essere accolto anche quando non è forte, anche quando non è riuscito, anche quando non è all'altezza delle aspettative.

In questa condizione anche la relazione con gli altri cambia, perché l'altro non è più qualcuno davanti a cui mi scopro, ma qualcuno davanti a cui mi misuro, mi confronto, mi espongo. L'altro diventa specchio e giudice, e la relazione, invece di alleggerire il peso dell'io, lo amplifica. Non è più uno spazio in cui condividere la propria vulnerabilità, ma un luogo in cui difendere la propria immagine.

Forse il nostro tempo ha trasformato l'io in un progetto infinito, sempre in costruzione, sempre in miglioramento, ma un progetto che non finisce mai non diventa mai una casa. L'uomo ha bisogno di poter dire "sono", non solo "sto diventando", di poter riconoscere in sé qualcosa che non deve essere continuamente aggiornato, corretto, potenziato. Senza questa stabilità, l'identità resta sospesa, sempre esposta, sempre fragile.

E allora si comprende come l'io, diventato il nuovo centro, non abbia liberato l'uomo dalla fatica, ma lo abbia consegnato a una forma nuova di peso, quella di dover essere all'altezza di se stesso, di dover coincidere con un ideale che si sposta continuamente in avanti. È una forma di idolatria silenziosa, perché non si presenta come culto, ma come normalità, come semplice attenzione a sé, e proprio per questo è difficile da mettere in discussione. Forse il passo decisivo non è smettere di avere cura di sé, ma smettere di pensare che l'io possa essere il fondamento ultimo della vita. Senza qualcosa che lo preceda e lo sostenga, l'io resta troppo piccolo per il posto che occupa, e sotto il peso di questo ruolo si deforma, si irrigidisce, si spaventa. Non diventa più forte, diventa più vulnerabile, più ansioso, più bisognoso di conferme.

Ed è qui che la libertà, unita a questa centralità dell'io, mostra il suo lato più faticoso: un'esistenza in cui tutto dipende da me, ma io non basto mai davvero.

E quando l'io non basta mai davvero, la vita si trasforma in una rincorsa continua, una tensione permanente verso un'immagine di sé che non si lascia mai raggiungere del tutto. Si vive proiettati in avanti, verso una versione migliore, più riuscita, più compiuta di se stessi, ma questa versione resta sempre un passo oltre, e il presente diventa solo un punto di passaggio, mai un luogo in cui potersi riconciliare con ciò che si è.

Forse è proprio questa distanza costante tra l'io reale e l'io ideale a generare una forma di inquietudine che attraversa il nostro tempo, perché l'uomo non riesce più a fare pace con i propri limiti, con la propria finitezza, con il fatto di non essere mai pienamente all'altezza di un modello assoluto. Ma se l'io è diventato il centro, non c'è più uno spazio in cui il limite possa essere accolto come parte della condizione umana, come qualcosa che non annulla il valore, ma lo rende più vero.

Così il limite viene percepito solo come difetto, come errore di sistema, come qualcosa da correggere il più in fretta possibile, e in questa lotta continua contro la propria imperfezione, l'uomo si stanca, perché combatte contro qualcosa che non può eliminare senza eliminare anche se stesso. La fragilità, che è parte costitutiva dell'essere umano, diventa un nemico da nascondere, e ciò che viene nascosto non guarisce, ma si aggrava.

Forse il problema non è che l'uomo si prenda troppo sul serio, ma che si prenda sul serio nel modo sbagliato, attribuendo all'io un ruolo che non gli spetta. L'io non è fatto per essere assoluto, ma per essere in relazione, in appartenenza, inserito in un orizzonte che lo precede e lo supera. Quando questa dimensione viene meno, l'io si ripiega su se stesso, diventa autoreferenziale, e l'autoreferenzialità, alla lunga, soffoca.

È qui che la libertà, unita alla centralità dell'io, mostra il suo volto più ambiguo, perché mentre promette autenticità e realizzazione, consegna spesso l'uomo a una forma di isolamento interiore, in cui tutto ruota attorno a sé ma nulla riesce davvero a sostenere. Senza qualcosa che non sia l'io, l'io resta solo, e la solitudine dell'io, quando riguarda il senso della vita, è una delle forme più pesanti di fatica.

Forse il disagio diffuso che attraversa la nostra epoca è anche il segnale che l'uomo non è fatto per essere il proprio dio, che non può fondare da solo il proprio valore, il proprio senso, la propria misura. Non perché sia insignificante, ma perché è troppo grande per essere ridotto a se stesso. Ha bisogno di qualcosa che lo preceda, che lo accolga, che gli permetta di non doversi reggere sempre da solo.

Senza questa apertura, la libertà resta un campo in cui l'io combatte continuamente per affermarsi, e questa lotta, anche quando è silenziosa, consuma, stanca, logora. Non perché l'uomo sia debole, ma perché sta cercando di fare da solo ciò che nessun uomo può fare da solo.

E questa lotta silenziosa dell'io per reggersi da solo è forse una delle dinamiche più nascoste ma più pervasive del nostro tempo, perché si intreccia con tutto, con il lavoro, con le relazioni, con il modo di percepire il corpo, il successo, il fallimento. Ovunque l'io è chiamato a dimostrare qualcosa, a costruire un'immagine coerente, a non contraddirsi, a non mostrarsi fragile, come se la vita fosse un equilibrio da mantenere sotto gli occhi di un pubblico invisibile ma costante.

In questo clima anche la sincerità verso se stessi diventa difficile, perché ammettere una debolezza, una confusione, una sconfitta significa incrinare l'immagine che si è faticosamente costruita. Così si impara a mostrarsi forti anche quando non lo si è, sicuri anche quando si è pieni di dubbi, soddisfatti anche quando si è stanchi. Ma vivere così crea una distanza crescente tra l'io vissuto e l'io mostrato, e questa distanza, alla lunga, si trasforma in una forma di solitudine interiore che nessuna connessione esterna riesce a colmare.

Forse è per questo che, pur parlando tanto di espressione di sé, di libertà di essere ciò che si è, cresce una sensazione diffusa di non essere mai del tutto a proprio agio con se stessi, come se l'io fosse diventato un territorio da gestire più che una casa in cui abitare. Quando l'io è caricato del compito di fondare il senso, non può permettersi di cedere, di fermarsi, di accettarsi così com'è, perché sente di dover sempre migliorare, sempre correggersi, sempre diventare altro.

Ma l'uomo non è fatto per vivere come un progetto senza fine, come una bozza da perfezionare continuamente. Ha bisogno di poter riconoscere in sé qualcosa di dato, di stabile, di non interamente dipendente dal proprio sforzo. Senza questo riconoscimento, la libertà diventa un compito infinito e l'io una struttura sempre in tensione, sempre sul punto di cedere.

Forse è proprio qui che si vede con maggiore chiarezza il limite dell'io come centro assoluto: non riesce a darsi ciò di cui ha più bisogno, cioè un fondamento che non sia fragile quanto lui. Può costruire, progettare, scegliere, ma non può darsi da solo un valore che resista alle crisi, alle perdite, agli errori. Quando prova a farlo, finisce per oscillare tra l'illusione di potenza e il crollo dell'insicurezza.

E allora si comprende come la libertà, unita a questa centralità dell'io, non abbia eliminato la dipendenza, ma l'abbia spostata, rendendoci dipendenti dalla nostra stessa capacità di reggere, di riuscire, di non cadere. È una dipendenza più sottile, più interiore, ma non meno faticosa. L'uomo, così, resta solo con se stesso, e da solo deve fare ciò che nessuno può fare da solo: essere il proprio fondamento.

Forse è qui che bisogna avere il coraggio di fermarsi

e riconoscere che l'io non è fatto per occupare questo posto, che la sua grandezza non sta nell'essere assoluto, ma nell'essere aperto, in relazione, capace di ricevere senso e non solo di produrlo. Senza questa apertura, la libertà si chiude, l'io si irrigidisce, e la vita, invece di espandersi, si contrae sotto il peso di un compito troppo grande.

E quando la vita si contrae sotto il peso di questo compito troppo grande, accade qualcosa di paradossale: più l'io viene messo al centro, meno l'uomo riesce a respirare davvero. Perché un centro che coincide con qualcosa di così fragile, mutevole, esposto come l'io non può offrire stabilità, ma solo un equilibrio precario da mantenere con sforzo continuo. Così, invece di sentirsi più padrone di sé, l'uomo si scopre più vulnerabile agli eventi, agli sguardi, ai giudizi, alle proprie stesse oscillazioni interiori.

Forse è qui che si annida quella sensazione diffusa di vivere sempre "sul filo", come se bastasse poco per perdere l'equilibrio, per sentirsi messi in discussione, per avvertire che ciò su cui si reggeva la propria sicurezza era più fragile di quanto si pensasse. Quando il fondamento coincide con l'io, tutto diventa instabile quanto l'io, e l'io, per sua natura, è attraversato da paure, desideri, stanchezze, limiti che non può cancellare.

In questa condizione la libertà non si traduce più in pace, ma in tensione, perché ogni scelta è carica di un peso che va oltre la scelta stessa. Non è più solo decidere cosa fare, ma decidere chi essere, quale valore avere, quale senso attribuire alla propria vita. E questo carico, ripetuto giorno dopo giorno, diventa una fatica esistenziale che non si lascia alleggerire con soluzioni tecniche o organizzative.

Forse il nostro tempo sta sperimentando, senza ancora saperlo nominare, il limite dell'io come centro assoluto, perché l'io, per quanto importante, non può sostenere da solo il compito di fondare il senso. Quando prova a farlo, si irrigidisce, si difende, si chiude, e la vita, invece di allargarsi, si restringe attorno a ciò che riguarda direttamente sé stessi.

È qui che si comprende come l›uomo non sia fatto per essere il proprio orizzonte ultimo, ma per muoversi verso qualcosa che lo supera, che gli permette di uscire da sé senza perdersi. Senza questo movimento verso l›esterno, verso qualcosa che non coincide con l›io, la vita si ripiega, diventa autoreferenziale, e l›autoreferenzialità, alla lunga, soffoca.

Forse il disagio profondo del nostro tempo nasce proprio da questa chiusura dell'orizzonte, da un io che non trova più qualcosa davanti a cui stare, qualcosa a cui rispondere, qualcosa che lo sollevi dal peso di dover essere tutto. Senza questa apertura, la libertà resta una tensione continua, e l'io un centro troppo piccolo per il posto che occupa.

Ed è a questo punto che la domanda diventa inevitabile: se l'io non può essere il fondamento, se non basta a sostenere il senso della vita, allora cosa può farlo? Cosa può ridare respiro alla libertà, stabilità all'identità, pace all'esistenza?

La domanda che si apre a questo punto non è teorica,

ma profondamente concreta, perché riguarda la possibilità stessa di vivere senza questa tensione continua, senza questa fatica di dover essere sempre il proprio sostegno. Se l'io non basta, non perché sia privo di valore ma perché è troppo fragile per reggere da solo il peso del senso, allora l'uomo è fatto per un'apertura, per un riferimento che non coincide con lui, per qualcosa che possa essere accolto e non soltanto costruito. Per lungo tempo questa apertura era percepita come naturale, quasi ovvia, non necessariamente nei termini di una definizione precisa, ma come consapevolezza che la vita non iniziava e non finiva nell'io, che esisteva un ordine, un significato, un orizzonte che precedeva le scelte individuali e le rendeva possibili. Non si trattava di una limitazione della libertà, ma del suo fondamento, perché la libertà, per essere vissuta, ha bisogno di qualcosa a cui rispondere, di un bene riconosciuto, di una direzione che non sia interamente inventata.

Oggi questa dimensione è diventata opaca, e al suo posto resta l'io, lasciato solo a fondare ciò che non può fondare. Mà l'uomo, quando resta chiuso in se stesso, non trova pace, perché è fatto per uscire da sé, per rivolgersi a qualcosa che lo supera senza annullarlo, che lo sostiene senza schiacciarlo. È in questa uscita da sé che la libertà smette di essere un peso e torna a essere respiro.

Forse il problema non è che l'uomo abbia desiderato essere libero, ma che abbia dimenticato che la libertà non è il punto di partenza assoluto, bensì una risposta a qualcosa che vale, a qualcosa che si riconosce come vero e buono prima ancora di sceglierlo. Senza questo riconoscimento, la libertà resta sospesa, e ciò che è sospeso richiede uno sforzo continuo per non cadere.

Ritrovare un fondamento non significa tornare a schemi rigidi o a imposizioni esterne, ma riscoprire che l'uomo non è chiuso nel proprio io, che la sua vita è inserita in un significato più grande che non dipende interamente dalla sua volontà. È questo significato che permette di accettare il limite senza sentirsi annullati, di attraversare il fallimento senza sentirsi distrutti, di vivere la libertà senza trasformarla in un compito infinito.

Forse è qui che si gioca la possibilità di uscire dalla fragilità che abbiamo descritto, non aggiungendo altre possibilità all'io, ma liberando l'io dal compito di essere tutto. Quando l'io non deve più fondare il senso, può finalmente abitare la vita invece di doverla continuamente giustificare.

Ed è da questo punto che il nostro sguardo deve spostarsi, perché se l'io non è il centro ultimo, allora cosa lo è? Che cosa può essere riconosciuto come più grande dell'io senza schiacciarlo, come orizzonte che dà forma alla libertà invece di negarla?

È qui che si apre il passo successivo del nostro cammino.

Perché nel momento in cui l'uomo riconosce di non essere il fondamento ultimo di se stesso, non perde dignità, ma perde un peso che non poteva sostenere. Non si riduce, si alleggerisce. La sua grandezza non sta nell'essere assoluto, ma nell'essere aperto, capace di ricevere, di riconoscere che la vita non è solo qualcosa che produce, ma qualcosa che gli è data prima ancora di essere scelta.

Forse è proprio questo il punto che la nostra epoca ha smarrito: l'idea che il senso non nasce interamente dall'io, ma precede l'io, lo accoglie, lo sostiene. Quando questa dimensione viene meno, l'uomo si trova costretto a inventare da solo ciò che non può inventare, a costruire un significato che, per essere vero, dovrebbe invece essere scoperto. E quando il senso diventa una costruzione personale, resta fragile quanto chi lo costruisce.

Ma se il senso è qualcosa che si riceve, allora la libertà cambia volto, perché non è più lo sforzo di creare dal nulla ciò che vale, ma la possibilità di rispondere a qualcosa che vale già. Non è più un compito infinito, ma un dialogo, un movimento verso qualcosa che non dipende interamente da me e che proprio per questo può sostenermi quando io vacillo.

In questa prospettiva anche il limite smette di essere un nemico, perché diventa il segno che non tutto è sulle mie spalle, che non sono io a dover reggere l'intero peso del mondo. Il limite dice che esiste qualcosa che mi precede, che non nasce dalla mia volontà, e questa consapevolezza, lungi dal ridurre l'uomo, gli permette di respirare. Non deve più essere tutto, può essere se stesso.

Forse il vero impoverimento del nostro tempo non è stato aver perso alcune certezze, ma aver perso questo senso di precedenza, questa percezione che la vita è inserita in un significato più grande dell'io. Senza questa precedenza, tutto diventa produzione, costruzione, sforzo, e l'uomo si stanca. Con essa, la vita torna a essere anche accoglienza, riconoscimento, risposta.

Non si tratta di tornare a formule del passato, ma di recuperare questa struttura fondamentale dell'esperienza umana: l'io non è il punto di partenza assoluto, ma un punto dentro una realtà più ampia. È qui che la libertà smette di essere vertigine e torna a essere cammino, smette di essere peso e torna a essere possibilità reale di vivere.

Forse è questo il passaggio decisivo: liberare l'io dal ruolo di dio per restituirgli il ruolo di uomo. Non è una diminuzione, è una salvezza. Perché quando l'io scende dal trono che non può occupare, può finalmente abitare la vita senza doverla continuamente reggere da solo.

Ed è proprio da qui che nasce la domanda successiva, quella che tocca il cuore del nostro tempo: se non è più qualcosa di più grande a dare forma alla vita, e se l'io non basta, che cosa stiamo mettendo al posto di quel significato che un tempo sosteneva l'uomo?

QUANDO IL SENSO SCOMPARE, RESTA IL RUMORE

Quando un significato superiore cessa di essere percepito come reale e l'individuo non riconosce più nulla che preceda la sua libertà, orientandola, non rimane il silenzio neutro che potremmo immaginare. Invece, vi è un costante riempimento, un rumore di fondo che invade ogni spazio libero. L'essere umano non riesce a vivere nel vuoto di senso e tenta di colmarlo con attività, stimoli, informazioni ed esperienze, come se il continuo movimento potesse sostituire una direzione chiara.

Questo rumore non è solo esterno, fatto di suoni, immagini e parole, ma soprattutto interiore, un'incessante sollecitazione dell'attenzione, un flusso ininterrotto di possibilità, scelte e contenuti che impediscono di fermarsi. Rimanere fermi diventa difficile non per mancanza di tempo, ma perché il silenzio ci mette di fronte a una domanda che non sappiamo più affrontare: cosa ha veramente valore, al di là di ciò che ci attrae in questo momento?

In un mondo in cui il significato non è più riconosciuto come qualcosa di stabile, ogni cosa è equivalente per un istante, tutto compete per attirare l'attenzione. L'attenzione diventa così il bene più conteso, ma quando è continuamente tirata da mille parti, si frammenta e una coscienza frammentata fatica a costruire un'unità interiore. L'uomo si trova esposto a una quantità enorme di stimoli, ma sempre meno capace di abitare veramente ciò che vive.

Forse è qui che il rumore diventa una forma di difesa, poiché impedisce alla domanda sul senso di emergere con tutta la sua forza. Finché c'è qualcosa da guardare, ascoltare, fare o scorrere, non si deve affrontare il vuoto lasciato dalla mancanza di un orizzonte più grande. Ma questo riempimento continuo non placa, anestetizza, e l'anestesia, alla lunga, non cura, ma indebolisce.

Senza un significato che raccolga l'esperienza, ogni momento resta isolato, ogni emozione passa senza lasciare traccia, ogni esperienza si consuma rapidamente per essere sostituita dalla successiva. L'uomo vive molto ma trattiene poco, sente tanto ma integra poco, come se la vita scorresse in superficie senza sedimentare. È una forma di ricchezza apparente che nasconde una povertà di profondità.

Forse è per questo che, pur avendo accesso a una quantità di contenuti e stimoli impensabili in passato, cresce una sensazione di vuoto, dispersione, mancanza di centro. Non perché manchi qualcosa da fare, ma perché manca qualcosa che tenga insieme ciò che si fa, che lo inserisca in una direzione, in un senso che non si esaurisce nell'istante.

Il rumore, quindi, non è solo un effetto collaterale della modernità, ma il segno di una difficoltà più profonda: quella di sostare davanti alla domanda sul significato senza riempirla subito con qualcos'altro. È più facile moltiplicare gli stimoli che interrogarsi su ciò che vale davvero, più semplice restare in movimento che fermarsi a cercare un orientamento.

Ma finché il rumore copre tutto, la libertà resta distratta, dispersa, incapace di diventare una scelta piena. Perché scegliere richiede silenzio, tempo, la possibilità di distinguere, e quando tutto è mescolato nello stesso flusso, diventa difficile riconoscere ciò che merita di essere scelto davvero.

Forse la fragilità del nostro tempo non nasce solo dall'eccesso di libertà o dalla centralità dell'io, ma anche da questa impossibilità di fare spazio al silenzio in cui il senso possa riemergere. Senza silenzio, resta il rumore. E nel rumore, l'uomo si muove molto, ma fatica a trovare la strada.

Il rumore di cui parliamo non è soltanto un fenomeno tecnologico o mediatico, ma una condizione dell'anima, un modo di stare al mondo in cui tutto deve essere immediatamente riempito, occupato, attraversato, perché il vuoto fa paura. Non il vuoto materiale, ma quello più sottile, lo spazio in cui non accade nulla di esterno e in cui, proprio per questo, può emergere la domanda su ciò che conta davvero. È una soglia che abbiamo imparato a evitare, perché non sappiamo più che cosa farne. Così la vita diventa una sequenza ininterrotta di stimoli che si sostituiscono l'uno all'altro, un presente continuo in cui ciò che è appena accaduto viene già coperto da ciò che accade dopo. Non c'è tempo per sedimentare, per comprendere, per lasciare che un'esperienza scenda in profondità e diventi parte di noi. Tutto scorre, tutto passa, tutto deve essere subito sostituito da qualcos'altro, come se la permanenza fosse una forma di perdita.

In questo flusso costante, l'uomo rischia di perdere il contatto con la propria interiorità, non perché non abbia un mondo interiore, ma perché non gli concede più spazio. Ogni pausa viene riempita, ogni attesa occupata, ogni silenzio interrotto, e senza silenzio l'interiorità si assottiglia, diventa un luogo attraversato in fretta, non abitato. Ma è proprio nell'interiorità che il senso può essere riconosciuto, non prodotto, e se questo spazio si chiude, anche il senso si allontana.

Forse il rumore continuo è anche una forma di difesa contro la fragilità che abbiamo descritto nei capitoli precedenti, perché fermarsi significherebbe incontrare quell'io stanco, esposto, caricato di un peso troppo grande, e questo incontro non è semplice. È più facile restare in superficie, muoversi, distrarsi, che sostare davanti a ciò che fa male o che chiede una risposta più profonda.

Ma questa fuga ha un prezzo, perché una vita sempre distratta non diventa mai davvero presente a se stessa. L'uomo vive molte cose, ma raramente le attraversa fino in fondo; sente molte emozioni, ma poche diventano consapevolezza; compie molte azioni, ma poche si trasformano in esperienze che lo cambiano. È una forma di pienezza apparente che nasconde una difficoltà a restare.

Forse è qui che si comprende quanto il rumore non sia solo qualcosa che ci circonda, ma qualcosa che abitiamo, un modo di evitare la profondità per non affrontare la domanda sul senso. Ma senza questa domanda, la libertà resta superficiale, perché scegliere davvero significa anche sapere perché si sceglie, verso che cosa si va, quale direzione si riconosce come buona.

Senza questa direzione, la vita diventa movimento senza orientamento, e il movimento senza orientamento stanca, perché consuma energie senza costruire un cammino. L'uomo, allora, pur essendo sempre occupato, si sente vuoto; pur essendo sempre connesso, si sente solo; pur avendo accesso a tutto, fatica a trovare qualcosa che lo sostenga davvero.

Forse il primo passo per uscire da questa condizione non è aggiungere altro rumore, ma avere il coraggio di sottrarre, di fare spazio, di lasciare emergere quel silenzio che non è assenza, ma condizione perché qualcosa di più vero possa farsi sentire.

E fare spazio al silenzio, in un'epoca che ha imparato a riempire ogni interstizio, non è un gesto banale, ma quasi un atto controcorrente, perché significa accettare di non essere continuamente stimolati, di non avere sempre qualcosa davanti agli occhi o tra le mani, di restare per un momento senza distrazioni. È proprio lì, però, che si gioca la possibilità di un incontro diverso con se stessi e con la realtà.

Nel silenzio emergono domande che il rumore tiene lontane, domande che non riguardano ciò che devo fare subito, ma ciò che vale davvero, ciò a cui sto dando la mia vita, ciò che resta quando le attività si fermano. Sono domande che non si impongono con violenza, ma che chiedono ascolto, tempo, disponibilità a non fuggire subito altrove. E proprio perché non gridano, è facile coprirle con altro.

Forse il nostro tempo ha sviluppato una grande capacità di risposta, ma ha perso l'abitudine alla domanda, soprattutto a quella che non ha una soluzione tecnica o immediata, ma riguarda il senso complessivo della vita. Senza questa domanda, la libertà resta priva di direzione, e la moltiplicazione delle scelte non si traduce in maggiore pienezza, ma in maggiore dispersione.

Il silenzio, allora, non è il contrario della vita, ma la sua condizione nascosta, lo spazio in cui ciò che viviamo può essere raccolto, compreso, riconosciuto come parte di un tutto. Senza questo raccoglimento, l'esperienza resta frammentata, e l'uomo, pur vivendo molto, fatica a sentire di vivere davvero.

Forse è qui che si collega tutto ciò che abbiamo detto finora: l'io messo al centro, la libertà senza limiti, il senso che scompare, il rumore che cresce. Sono tutti segni di una difficoltà a sostare davanti a qualcosa che non controlliamo, che non produciamo, che non dipende interamente da noi. Il silenzio, in questo senso, è uno spazio di vulnerabilità, ma anche di verità, perché lì l'uomo si scopre non autosufficiente, ma aperto. E questa apertura, che può fare paura, è anche la possibilità di uscire dalla chiusura dell'io, di non dover più fondare tutto da soli, di lasciarsi raggiungere da un significato che non è solo costruito, ma incontrato. Senza questa apertura, la libertà resta chiusa in se stessa, e l'uomo continua a muoversi molto senza trovare davvero la strada.

Forse la vera alternativa al rumore non è un nuovo tipo di stimolo, ma la riscoperta di questa soglia interiore, di questo spazio in cui la vita non è solo azione, ma ascolto. È lì che può riemergere la domanda decisiva, quella che il nostro tempo cerca di evitare ma che, prima o poi, torna: per che cosa vale la pena vivere?

E questa domanda, che sembra semplice e allo stesso tempo immensa, è quella che il rumore tenta continuamente di rinviare, perché non ha una risposta pronta, non si lascia chiudere in uno slogan o in una formula veloce. Richiede tempo, silenzio, onestà, la disponibilità a guardare la propria vita non solo dal punto di vista di ciò che funziona o non funziona, ma dal punto di vista del significato.

Per molto tempo questa domanda era custodita dentro tradizioni, visioni del mondo, racconti condivisi che, pur con tutti i loro limiti, offrivano un orizzonte in cui collocarla. Oggi, senza questo orizzonte comune, la domanda resta, ma sembra più difficile da affrontare, più esposta al dubbio, più facile da mettere da parte. Eppure è proprio questa domanda che permette alla libertà di diventare cammino, e non semplice movimento.

Perché senza sapere, almeno in parte, per che cosa si vive, ogni scelta resta sospesa, ogni decisione provvisoria, ogni impegno fragile. Non perché manchi la buona volontà, ma perché manca un centro verso cui tendere. L'uomo può sopportare la fatica, il sacrificio, il limite, ma ha bisogno di riconoscere che ne vale la pena, che ciò a cui si lega è più grande della sua stanchezza.

Forse è qui che si gioca il passaggio decisivo tra una

libertà che disperde e una libertà che costruisce. La prima moltiplica le possibilità, la seconda riconosce un bene per cui vale la pena scegliere, anche a costo di lasciare altro. Senza questo riconoscimento, la libertà resta indecisa, sempre aperta, ma incapace di diventare forma di vita.

Il silenzio, allora, non è un lusso per pochi, ma una necessità umana, perché è lo spazio in cui questa domanda può tornare a farsi sentire senza essere subito coperta. È lì che l'uomo può accorgersi che non è fatto solo per gestire la propria vita, ma per rispondere a qualcosa che lo chiama, che lo attira, che gli promette una pienezza che non nasce solo dallo sforzo.

Forse il nostro tempo ha bisogno meno di nuove risposte veloci e più del coraggio di sostare davanti a questa domanda senza fuggire. Non per tornare indietro, ma per andare più in profondità, per non lasciare che la libertà si perda nel rumore, per permettere che la vita torni ad avere un centro che non coincide con l'io e non si esaurisce nelle possibilità.

Ed è proprio qui che il cammino che stiamo facendo cambia tono, perché non basta più descrivere il disagio, bisogna iniziare a intravedere una strada, non una tecnica, non una ricetta, ma una direzione verso cui orientare la libertà perché possa diventare davvero vita.

La direzione di cui parliamo non è un'idea da aggiungere alle altre, non è un nuovo contenuto da inserire nel flusso già saturo delle nostre giornate, ma un cambiamento di postura interiore, un modo diverso di stare davanti alla vita. Non si tratta di fare di più, ma di riconoscere qualcosa che è già lì, che ci precede, che non dipende interamente dal nostro sforzo.

Forse il primo passo non è cercare lontano, ma accorgersi che la vita non è solo qualcosa che gestiamo, ma qualcosa che ci è data. Questo semplice spostamento cambia tutto, perché ciò che è solo da gestire pesa, mentre ciò che è ricevuto può essere abitato. Se la vita è soltanto un progetto da portare a termine, ogni errore diventa una sconfitta; se è anche un dono, l'errore non annulla il valore di ciò che siamo.

Riconoscere che la vita è data significa accettare che non siamo noi a fondare tutto, che esiste un significato che non nasce dal nostro controllo, e questa consapevolezza non toglie libertà, la rende possibile. Perché solo chi non deve creare il senso da zero può permettersi di cercarlo, di ascoltarlo, di lasciarsi guidare.

In questa prospettiva anche il limite cambia volto, perché non è più soltanto ciò che frena, ma ciò che ci ricorda che non siamo soli a sostenere tutto. Il limite diventa il luogo in cui l'uomo si scopre bisognoso, ma proprio per questo capace di relazione, capace di affidarsi, capace di uscire dall'illusione di dover bastare a se stesso.

Forse la strada non inizia con una risposta definitiva, ma con questa apertura, con il riconoscere che il senso non è una produzione dell'io, ma qualcosa che si può incontrare. E incontrare richiede silenzio, attenzione, disponibilità a lasciarsi sorprendere da ciò che non avevamo programmato.

È qui che la libertà cambia qualità, perché non è più

lo sforzo di affermarsi contro tutto, ma la possibilità di aderire a ciò che si riconosce come vero, come buono, come degno di fiducia. Non è più una corsa solitaria, ma un cammino in cui l›uomo non è l'unico sostegno di se stesso.

Forse il nostro tempo ha bisogno di riscoprire proprio questo: non una libertà più grande, ma una libertà più vera, capace di riconoscere che non tutto dipende da noi e che proprio in questo non dipendere interamente da noi si nasconde una forma profonda di pace.

Ed è da questa apertura che può iniziare un percorso nuovo, non fatto di formule, ma di un diverso modo di guardare la vita, in cui il senso non è qualcosa da inventare sotto pressione, ma qualcosa da riconoscere nella realtà stessa, nelle relazioni, nel limite, nel silenzio.

È qui che la libertà smette di essere vertigine e diventa strada.

Perché dire che la vita è un dono, che il senso si può incontrare e non solo costruire, non significa rifugiarsi in parole consolatorie, ma cambiare il modo in cui guardiamo ciò che già viviamo. Non si tratta di aggiungere qualcosa di straordinario alla quotidianità, ma di accorgersi che proprio nella quotidianità si nasconde ciò che può sostenere la libertà.

Forse il primo luogo in cui questa apertura si rende visibile è l'esperienza di non bastare a se stessi, che tanto spesso viviamo come fallimento. La stanchezza, il limite, la fragilità, l'errore non sono solo difetti da correggere, ma punti in cui si incrina l'illusione di autosufficienza, e proprio per questo diventano soglie. Soglie attraverso cui può entrare qualcosa che non controlliamo, ma che può sostenerci.

Finché l'uomo interpreta il limite solo come un ostacolo, lotta contro di esso e si irrigidisce; quando inizia a riconoscerlo anche come un luogo di verità, qualcosa cambia, perché non deve più difendere l'immagine di sé a ogni costo, non deve più dimostrare di essere invincibile. Può essere uomo, non dio. E questo, che sembra una diminuzione, è in realtà una liberazione.

In questa prospettiva anche la relazione con gli altri cambia, perché l'altro non è più solo uno specchio in cui cercare conferma o un giudice da temere, ma un segno concreto che la vita non è chiusa nell'io. Nell'incontro con l'altro, soprattutto quando non è perfetto, quando è fragile come noi, si manifesta una realtà che non abbiamo costruito da soli. La relazione diventa così uno dei luoghi in cui il senso si lascia intravedere, non come idea astratta, ma come esperienza vissuta.

Forse è proprio nell'esperienza dell'amore, dell'amicizia, della gratuità, che si vede più chiaramente che il significato non è prodotto dall'io, ma ricevuto. Nessuno può costringere qualcuno ad amarlo, e quando accade, si sperimenta qualcosa che non nasce dal controllo, ma dall'incontro. È un'esperienza che relativizza l'io senza annullarlo, che lo decentra senza distruggerlo.

È in queste crepe dell›autosufficienza che può riemergere una fiducia diversa, non quella che nasce dalla sicurezza di sé, ma quella che nasce dal sapere di non essere soli a reggere la vita. È una fiducia che non elimina la fatica, ma le dà un senso, che non cancella il limite, ma lo inserisce in un orizzonte più grande.

Forse la strada che stiamo cercando non è un sistema di risposte, ma un modo nuovo di abitare ciò che già viviamo, riconoscendo che la realtà non è solo materia da manipolare, ma luogo in cui un significato può farsi incontrare. Non è un'aggiunta alla libertà, è ciò che permette alla libertà di non perdersi.

È qui che il cammino si fa più concreto, perché non riguarda più solo idee, ma lo sguardo con cui attraversiamo la nostra stessa vita.

Se il senso non è qualcosa che produciamo da soli ma qualcosa che si può incontrare, allora la domanda non è più "come costruisco la mia vita perfetta?", ma "dove, dentro ciò che vivo, il significato si sta già affacciando?". Questo sposta l'attenzione dalla prestazione all'attenzione, dallo sforzo di dimostrare allo sforzo di riconoscere.

Forse il problema non è che la nostra vita sia vuota, ma che siamo diventati poco attenti a ciò che la riempie davvero. Ci sono momenti in cui, senza averli programmati, sentiamo che qualcosa è "giusto", che siamo al posto giusto, che ciò che accade ha un peso diverso: un incontro inatteso, una parola che ci raggiunge nel momento in cui ne avevamo bisogno, un gesto di gratuità che rompe la logica dello scambio, un istante di bellezza che non serve a nulla ma ci fa respirare. Sono crepe nel rumore, aperture in cui il senso non viene fabbricato, ma si lascia intravedere.

Eppure questi momenti tendiamo a lasciarli scorrere,

come se fossero dettagli secondari, perché non rientrano nella logica dell'efficienza, della produttività, del risultato. Ma è proprio lì che l'uomo fa esperienza che la vita non è solo qualcosa da organizzare, ma qualcosa che accade, che ci viene incontro, che non dipende interamente dalla nostra capacità di controllare.

Forse la strada inizia da qui: imparare a prendere sul serio questi segni, questi frammenti di significato che affiorano nella vita ordinaria. Non sono soluzioni magiche, non eliminano il dolore o la fatica, ma indicano che la realtà non è muta, che non siamo chiusi in un universo senza voce. Sono indizi che la libertà non è sola, che c'è qualcosa che la chiama.

Questo non elimina la responsabilità dell'io, ma la trasforma. L'io non è più chiamato a inventare il senso, ma a riconoscerlo e a rispondervi. È una differenza decisiva, perché rispondere è diverso dal produrre. Chi produce deve sempre sostenere tutto, chi risponde può contare su qualcosa che lo precede.

Forse la vera maturità non è diventare autosufficienti, ma diventare capaci di riconoscere ciò che ci supera senza sentirci annullati. È una posizione più umile, ma anche più stabile, perché non si fonda sulle oscillazioni dell'io, ma su una realtà che non dipende interamente da noi.

È qui che la libertà ritrova respiro, perché non è più chiusa nella vertigine delle possibilità o nella pressione di dover essere tutto, ma si muove dentro una relazione, dentro un dialogo con ciò che la precede. Non è una fuga dal mondo, ma un modo più vero di abitarlo.

E forse è proprio questo il passaggio decisivo che il nostro tempo fatica a fare: smettere di pensare la vita come qualcosa da costruire interamente e ricominciare a viverla anche come qualcosa da accogliere.

Perché è facile parlare di senso quando le cose vanno bene, quando la vita scorre senza scosse troppo forti, ma è nel limite che questa prospettiva mostra la sua verità. Il dolore, la perdita, la delusione, il fallimento sono i luoghi in cui l'illusione di autosufficienza crolla con più forza, e proprio per questo possono diventare anche luoghi di passaggio.

Quando l'uomo vive la sofferenza senza un orizzonte più grande, tende a leggerla solo come assurdità, come ingiustizia cieca, come qualcosa che smentisce il valore stesso della vita. Se il senso dipende solo da ciò che riesco a costruire, allora ciò che distrugge il mio progetto appare come una negazione totale. È qui che la fragilità diventa disperazione.

Ma se il significato non nasce soltanto dall'io, se la vita è inserita in qualcosa che la precede, allora anche il dolore, pur restando doloroso, non è più solo un muro, può diventare una soglia. Non perché venga spiegato o giustificato facilmente, ma perché non è più l'ultima parola. L'uomo può attraversarlo senza dover reggere tutto da solo, senza dover trovare da sé una risposta che lo salvi.

Forse è proprio qui che si vede la differenza tra una libertà chiusa nell'io e una libertà aperta a qualcosa di più grande. La prima si spezza quando il controllo viene meno, la seconda può restare in piedi anche quando non capisce tutto, perché non è fondata solo sulla propria capacità di tenere insieme la vita.

Questo non toglie il dramma del limite, ma lo inserisce in un orizzonte in cui l'uomo non è abbandonato a se stesso. È la differenza tra dover dare senso a tutto da soli e poter attraversare anche ciò che non comprendiamo sapendo che non siamo l'unico sostegno della nostra esistenza.

Forse è qui che la libertà diventa davvero umana, non quando può evitare ogni fatica, ma quando può attraversarla senza perdere completamente l'orientamento. È una libertà meno spettacolare, ma più profonda, meno rumorosa, ma più stabile.

Ed è proprio in questa esperienza che si capisce che il senso non è un'idea astratta, ma qualcosa che tocca la carne della vita, che cambia il modo di stare davanti al limite, che permette di non ridurre tutto a successo o fallimento, a riuscita o crollo.

Forse il nostro tempo, così attrezzato per controllare molte cose, sta scoprendo di non sapere più come stare davanti a ciò che non controlla. Ed è lì che si gioca la possibilità di un nuovo inizio, non tecnico, ma umano. Affidarsi, in questo senso, non è rinunciare a vivere o a decidere, ma smettere di vivere come se tutto dipendesse unicamente dalla nostra capacità di tenere insieme la vita. È un gesto interiore, spesso silenzioso, in cui l'uomo riconosce che non è il padrone assoluto di ciò che è e di ciò che accade, e proprio per questo può smettere di difendersi continuamente.

Finché l'io è al centro, la vita è una tensione costante,

perché ogni cosa può diventare una minaccia alla propria immagine, alla propria sicurezza, al proprio progetto. Ma quando l'uomo si scopre inserito in qualcosa di più grande, non perde responsabilità, perde paura. Non deve più salvare se stesso da solo.

Forse la libertà più profonda non è quella di fare tutto ciò che vogliamo, ma quella di non doverci fondare da soli, di poterci muovere dentro un significato che non crolla ogni volta che noi crolliamo. È una libertà che non elimina il rischio, ma toglie la disperazione, perché la vita non coincide più interamente con ciò che riusciamo a controllare.

Questo cambia anche il rapporto con il tempo. Se tutto dipende da me, ogni ritardo è una colpa, ogni deviazione un fallimento, ogni limite una perdita irreparabile. Ma se il senso non nasce solo dalla mia performance, anche il tempo imperfetto, le pause, le deviazioni possono avere posto dentro una storia più grande della mia agenda.

Forse è qui che si comprende quanto il nostro tempo, ossessionato dall'efficienza, fatichi a tollerare ciò che non produce risultati immediati. Ma la vita non è solo produzione, è anche maturazione, attesa, attraversamento di fasi che non si possono saltare. Senza un orizzonte più grande, tutto ciò appare inutile; dentro un orizzonte, può diventare cammino.

Affidarsi, allora, non è chiudere gli occhi, ma aprirli su una realtà che non è solo il campo delle nostre prestazioni. È riconoscere che il senso non è un traguardo che dobbiamo inventare, ma una presenza che possiamo incontrare anche dentro ciò che non avremmo scelto.

Forse il passaggio decisivo è questo: spostarsi dall'idea che la vita debba rispondere perfettamente ai nostri progetti all'idea che siamo noi a poter rispondere a ciò che la vita ci mette davanti. È un cambiamento di direzione, non di intensità. Non si vive meno, si vive in modo più vero.

E quando l'uomo inizia a vivere così, non si sente più al centro di tutto, ma neppure disperso. Si sente collocato, dentro una realtà che lo supera ma non lo schiaccia. È una posizione più umile, ma anche più solida.

Forse è proprio questa la soglia che il nostro tempo deve attraversare: passare dall'io come fondamento all'io come risposta. Ed è in questo passaggio che la libertà smette di essere un peso e torna a essere respiro. Quando l'io smette di essere fondamento e diventa risposta, qualcosa dentro l'uomo si distende. Non deve più tenere in piedi il mondo, non deve più giustificare ogni cosa, non deve più dimostrare in ogni istante di meritare di esistere. Può cominciare a vivere non per costruire se stesso da zero, ma per rispondere a ciò che gli è dato.

Questa non è una diminuzione della libertà, ma la sua maturazione. Il bambino vuole fare tutto da solo, l'adulto sa che non è solo. L'illusione di autosufficienza può sembrare forza, ma è una forza fragile, sempre sul punto di incrinarsi. La vera forza è poter attraversare la vita sapendo che non tutto dipende da me e che proprio per questo posso restare in piedi anche quando non controllo tutto.

Forse il nostro tempo ha esaltato troppo l'autonomia e troppo poco la relazione, come se dipendere da qualcosa fosse sempre una perdita. Ma esiste una dipendenza che non umilia, che non riduce, che non spegne la libertà, ma la rende possibile: la dipendenza dal significato, dal fatto che la vita non è un caso cieco, che l'esistenza non è un incidente senza direzione.

Quando questa consapevolezza si affaccia, non elimina il dolore, non risolve automaticamente i problemi, ma cambia la postura dell'uomo davanti a essi. Non è più solo a difendere il proprio io, ma può restare aperto, può chiedere, può attendere, può attraversare senza chiudersi.

Forse è questo il vero contrario della fragilità: non l'invulnerabilità, ma una fiducia che permette di restare umani anche nel limite. L'invulnerabile è rigido e si spezza, chi si affida può piegarsi senza rompersi. È una forza più discreta, ma più resistente.

In questa prospettiva la libertà non è più una vertigine né una corsa solitaria, ma un cammino dentro una relazione. Non è più lo sforzo di inventare il senso, ma la possibilità di aderire a un senso che si lascia incontrare nella realtà, nelle relazioni, nel limite, nella bellezza, nel silenzio.

Forse il nostro tempo, così affaticato dal dover essere tutto, ha bisogno di riscoprire proprio questo: che la vita non è solo da costruire, ma da accogliere, che il senso non è solo da produrre, ma da riconoscere, che la libertà non è solo autonomia, ma risposta.

È qui che il cammino che abbiamo iniziato trova il

suo primo punto di arrivo, non una soluzione chiusa, ma una soglia: uscire dall›illusione dell›io assoluto per entrare in una libertà che respira, che si appoggia, che può finalmente smettere di essere sola.

Abbiamo attraversato un paesaggio che, a prima vista, sembrava fatto di conquiste: più libertà, più possibilità, più spazio per l'io. Ma passo dopo passo abbiamo visto che, quando queste conquiste non sono radicate in qualcosa di più grande dell'io, si trasformano facilmente in peso, in fragilità, in una fatica silenziosa che accompagna la vita quotidiana.

Abbiamo visto come una libertà senza misura possa diventare vertigine, come un io messo al centro possa diventare un fardello, come il rumore possa coprire la domanda sul senso, come la mancanza di un fondamento renda il limite insopportabile. Non perché l'uomo sia diventato più debole, ma perché si è caricato di un compito che nessun uomo può sostenere da solo: essere il proprio dio.

Ma abbiamo anche intravisto un'altra possibilità, non una fuga dal mondo, non un ritorno nostalgico al passato, ma un cambiamento di postura, un modo diverso di stare davanti alla vita. L'io non come fondamento, ma come risposta. La libertà non come sforzo di inventare il senso, ma come possibilità di aderire a un senso che si lascia incontrare. Il limite non come negazione, ma come luogo in cui l'uomo scopre di non essere solo.

Questa prospettiva non elimina il dramma dell'esistenza, ma toglie all'uomo il peso di dover reggere tutto da sé. È una liberazione più profonda di quella che nasce dal togliere vincoli esterni, perché riguarda il centro stesso della persona. Non dover essere assoluti per avere valore, non dover controllare tutto per poter vivere, non dover riuscire sempre per non sentirsi annullati.

Forse è qui che la libertà smette di essere un problema e torna a essere un dono, non perché diventa più facile, ma perché non è più sola. È inserita in una relazione con la realtà, con gli altri, con un significato che la precede. Non è più sospesa nel vuoto, ma cammina su un terreno che non dipende interamente dall'io.

Eppure, proprio qui, nasce la domanda decisiva. Se l'uomo è fatto per questa apertura, se la libertà trova respiro solo dentro un orizzonte che la supera, allora qual è questo orizzonte? Non come concetto astratto, ma come realtà viva, incontrabile, capace di sostenere la vita concreta.

Non basta dire che l'io non è il centro. Occorre chiedersi che cosa lo è. È questa la soglia su cui ora ci troviamo. Ed è da qui che il cammino entra nella sua parte più delicata e più decisiva.

L'UOMO NON È IL CENTRO: È CHIAMATO

Se l'io non può essere l'ultimo fondamento, se la libertà non può esistere autonomamente, se il significato non emerge completamente dalle nostre decisioni, allora la vita non è semplicemente un evento casuale né qualcosa che costruiamo dal nulla. È una realtà che ci coinvolge prima ancora che scegliamo, qualcosa che ci precede, qualcosa che ci chiama.

Questa idea di "chiamata" trasforma profondamente la nostra comprensione dell'esistenza. Non siamo gettati in un universo silenzioso dove dobbiamo inventare il significato da soli, né siamo padroni assoluti di un mondo che dipende solo dalle nostre scelte. Siamo immersi in una realtà che non abbiamo creato, che non possiamo controllare completamente, ma che ci coinvolge, ci interpella e ci richiede una risposta.

Essere chiamati significa che la vita non è neutra. Non è semplicemente un insieme di eventi da gestire, ma un fenomeno che ci riguarda, che ci tocca, che ci provoca. Ogni incontro, ogni limite, ogni bellezza, ogni ferita non è solo qualcosa che accade, ma qualcosa che ci chiede di prendere posizione, di dire sì o no, di entrare in relazione o di chiuderci.

Da questa prospettiva, la libertà non è più un vuoto da riempire, ma una risposta da dare. Non è il potere di inventare il significato, ma la possibilità di aderire a qualcosa che si presenta. La differenza è cruciale: chi deve inventare tutto vive sotto pressione; chi è chiamato può ascoltare.

Forse il nostro tempo ha perso proprio questa consapevolezza: l'idea che la realtà non sia solo un materiale grezzo per i nostri progetti, ma portatrice di un significato che ci precede. Così abbiamo imparato a usare tutto, ma non più ad ascoltare nulla. E quando non si ascolta più, la vita diventa rumore, non parola.

Ma l'essere umano è fatto per la parola, per qualcosa che lo raggiunga dall'esterno e lo metta in movimento. Lo si vede nei momenti più veri dell'esistenza: quando una persona entra nella nostra vita e cambia tutto, quando una sofferenza ci costringe a rivedere le priorità, quando un'esperienza di bellezza ci fa sentire che il mondo non è solo funzionale ma pieno di senso. In questi momenti non siamo noi a creare il significato, lo incontriamo.

Essere chiamati significa che la vita non è chiusa nell'io. C'è qualcosa che ci precede, che ci supera, che ci sostiene e allo stesso tempo ci chiede una risposta libera. Non ci schiaccia, non ci sostituisce, ma ci invita a entrare in relazione.

È qui che la libertà trova la sua verità più profonda. Non nell›assenza di legami, ma nel poter rispondere a un legame che non ci annulla. Non nel fare ciò che vogliamo in ogni istante, ma nel poter dire sì a ciò che riconosciamo come vero, come buono, come degno di fiducia.

Forse la grande illusione del nostro tempo è stata pensare che l'essere umano diventi adulto quando non deve più rispondere a nulla. Ma non si diventa più liberi quando non si ha più a chi rispondere, si diventa più soli. La maturità non è l'assenza di chiamata, è la capacità di riconoscerla.

E qui il discorso si fa più concreto e più esigente, perché se la vita è una chiamata, allora la domanda non è più soltanto "cosa voglio fare della mia vita?", ma "a cosa sono chiamato?". Non in senso eroico o straordinario, ma nell'ambito di ciò che viviamo, nelle relazioni, nel lavoro, nei limiti, nella realtà concreta che ci è data.

La vita non è solo un progetto da realizzare, è un dialogo da vivere. E in questo dialogo l'essere umano non è il centro assoluto, ma nemmeno un ingranaggio anonimo. È qualcuno a cui viene rivolta una parola.

Ed è da questa parola che il cammino ora deve ripartire. Se la vita è una chiamata, allora non è solo un insieme di possibilità tra cui scegliere in base al gusto o alla convenienza, ma una realtà che, attraverso ciò che accade, prende forma come invito. Non un invito urlato, non una voce straordinaria che scende dall'alto, ma qualcosa di molto più vicino: le circostanze, le persone, i limiti, i desideri profondi che non riusciamo a ignorare.

La chiamata non arriva fuori dalla vita, arriva dentro la vita. Non si aggiunge come un messaggio esterno, si nasconde nella trama stessa di ciò che viviamo. È nel fatto che certe cose ci toccano più di altre, che certi incontri ci cambiano, che alcune esperienze ci fanno sentire più vivi, mentre altre ci svuotano. È in questo movimento del cuore che si manifesta che non siamo chiusi in noi stessi, ma orientati verso qualcosa.

Il problema è che, abituati a pensare la libertà come pura autodeterminazione, tendiamo a leggere tutto questo solo come preferenza personale, come gusto soggettivo, e così perdiamo la dimensione della chiamata. Pensiamo di scegliere, mentre in realtà stiamo anche rispondendo. Ma se non riconosciamo di essere chiamati, viviamo la risposta come un peso, non come una relazione.

Quando invece l'essere umano inizia a sospettare che la realtà non sia muta, che ciò che vive abbia un significato che lo riguarda, cambia anche il modo di stare davanti alle scelte. Non si tratta più solo di "cosa mi conviene" o "cosa mi piace ora", ma di "dove mi sta portando la vita?", "cosa mi è chiesto dentro questa situazione?". È uno sguardo diverso, più attento, più umile, ma anche più libero.

Perché chi risponde a una chiamata non è schiavo, è coinvolto. La chiamata non annulla la libertà, la provoca. Se qualcuno mi chiama per nome, non mi obbliga, ma mi mette davanti a una possibilità di relazione. Posso ignorare, posso rifiutare, posso accogliere. La libertà entra in gioco proprio qui, non prima.

Forse è questo che abbiamo dimenticato: la libertà non è il punto di partenza assoluto, è la capacità di risposta. Prima viene la realtà che ci interpella, poi la nostra decisione. Senza questa precedenza, la libertà diventa un esercizio nel vuoto; dentro questa relazione, diventa cammino.

Questo vale nelle cose più semplici e in quelle più grandi. Vale nel modo in cui affrontiamo una relazione difficile, nel modo in cui affrontiamo un limite che non abbiamo scelto, nel modo in cui ascoltiamo un desiderio che ci abita da anni. La chiamata non è sempre comoda, ma è sempre personale: riguarda noi, qui, ora.

Forse è proprio qui che la vita smette di essere un problema da risolvere e diventa un dialogo da vivere. Non perché tutto diventi chiaro, ma perché non siamo più soli davanti a ciò che accade. C'è una parola implicita nella realtà, e siamo liberi di rispondere.

Ed è a questo punto che il cammino si fa ancora più concreto: se la vita è una chiamata, allora bisogna imparare ad ascoltare.

Se la vita è una chiamata, allora la questione centrale non è prima di tutto fare, decidere, costruire, ma imparare ad ascoltare. E qui tocchiamo uno dei nervi scoperti del nostro tempo, perché ascoltare significa sospendere per un momento il controllo, lasciare che qualcosa venga prima della nostra risposta, accettare di non essere noi a dare il ritmo a tutto.

L'ascolto non è passività, è attenzione viva. È il contrario della distrazione. Distrarsi significa restare in superficie, passare sopra ciò che accade; ascoltare significa lasciarsi toccare, permettere che ciò che viviamo entri davvero in noi. È un gesto semplice e allo stesso tempo difficile, perché implica vulnerabilità. Se ascoltiamo davvero, qualcosa può cambiarci.

Forse è per questo che il rumore è così rassicurante: ci tiene in movimento, ci protegge dall'essere toccati troppo in profondità. L'ascolto, invece, ci espone. Ci mette davanti alle domande che preferiremmo evitare, ai desideri veri che non coincidono sempre con le abitudini, ai limiti che non possiamo cancellare.

Eppure è solo nell'ascolto che la chiamata diventa riconoscibile. Finché tutto è coperto dal rumore, la vita resta un insieme di fatti da gestire; quando facciamo silenzio, iniziamo a vedere che ciò che accade ci riguarda, ci parla, ci chiede qualcosa.

Ascoltare non significa cercare segni straordinari, ma prendere sul serio ciò che già viviamo. Un'inquietudine che ritorna, una gioia che non si spiega, un dolore che ci costringe a rallentare, una relazione che ci cambia, un desiderio che resiste nel tempo. Sono luoghi in cui la realtà smette di essere neutra e diventa personale.

Forse la vera povertà del nostro tempo non è la mancanza di informazioni, ma la mancanza di ascolto. Sappiamo moltissimo, ma sentiamo poco. Siamo esposti a tutto, ma tocchiamo poco in profondità. L'ascolto restituisce spessore alla vita, la fa uscire dalla superficie. E qui la libertà entra in modo decisivo. Ascoltare non è ancora rispondere, ma prepara la risposta. È il momento in cui riconosciamo che non siamo noi a generare tutto, che c'è qualcosa che ci precede. È un gesto di umiltà, ma anche di grande dignità, perché prende sul serio la nostra esperienza.

Forse la maturità dell'essere umano non consiste nel sapere già cosa fare, ma nel saper sostare davanti alla realtà abbastanza a lungo da lasciarsi interpellare. In un mondo che spinge a reagire subito, ascoltare è un atto quasi rivoluzionario.

Ed è proprio da qui che la vita può cambiare direzione,

non per un atto eroico improvviso, ma perché qualcosa che era sempre stato lì, ma coperto dal rumore, inizia a farsi sentire. La chiamata non nasce nel silenzio perché prima non c'era, ma perché finalmente la stiamo ascoltando.

E allora la domanda non è più "cosa voglio fare adesso?", ma "cosa mi sta dicendo la vita, qui, ora?". Ascoltare la vita non significa ritirarsi dal mondo, ma stare nel mondo in modo diverso. Non è chiudere gli occhi, ma aprirli meglio. È un atteggiamento che cambia il modo di vivere le stesse cose che tutti vivono: il lavoro, le relazioni, il tempo libero, la fatica, le scelte.

Nel lavoro, per esempio, l'ascolto cambia la domanda di fondo. Non è più solo "come faccio a ottenere di più?", ma "cosa mi sta chiedendo questa situazione?", "cosa posso imparare qui?", "che tipo di persona sto diventando attraverso ciò che faccio?". Il lavoro smette di essere solo prestazione e diventa anche luogo di maturazione, di scoperta di sé, di risposta.

Nelle relazioni, ascoltare significa smettere di usare l'altro solo come conferma o come ostacolo, e iniziare a riconoscerlo come qualcuno che ci è dato, che ci precede, che non controlliamo. L'altro non è un elemento del nostro progetto, ma parte della chiamata. Attraverso di lui, la realtà ci parla, ci mette in discussione, ci fa uscire da noi stessi.

Nel limite, l'ascolto è ancora più decisivo. Quando qualcosa non funziona, quando un sogno si spezza, quando una porta si chiude, la reazione immediata è ribellione o fuga. Ma se la vita è una chiamata, anche il limite può contenere una domanda, una direzione diversa da quella che avevamo previsto. Non è rassegnazione, è attenzione: "cosa mi sta dicendo questa ferita?", "cosa sto scoprendo di me e della realtà che prima non vedevo?".

Perfino nel desiderio l'ascolto è fondamentale. Non tutti i desideri sono capricci passeggeri. Alcuni ritornano, insistono, resistono al tempo. Sono tracce di una chiamata più profonda, segnali che la vita non è solo adattamento a ciò che capita, ma tensione verso qualcosa che sentiamo come vero per noi. Ascoltarli non significa seguirli ciecamente, ma prenderli sul serio.

Forse è proprio qui che si vede la differenza tra vivere in superficie e vivere in profondità. In superficie reagiamo agli eventi; in profondità li attraversiamo cercando di coglierne il significato. La differenza non sta nelle cose che viviamo, ma nello sguardo con cui le viviamo.

Questo sguardo non elimina l'incertezza, ma la rende abitabile. Non dà subito tutte le risposte, ma permette di camminare senza sentirsi persi. Perché non siamo più noi a dover inventare la direzione da zero: la direzione si lascia intravedere dentro la realtà stessa.

Forse il passo decisivo non è trovare subito la risposta definitiva alla propria vita, ma diventare persone che ascoltano abbastanza da non vivere più a caso. È una rivoluzione silenziosa, che non si vede dall'esterno, ma cambia il modo di stare in ogni cosa.

E qui la libertà diventa finalmente adulta. Non è più il capriccio di scegliere ciò che piace, ma la capacità di aderire a ciò che si riconosce come vero. Non è più chiusa nell'io, ma aperta alla realtà.

Ed è proprio da questa libertà che nasce la responsabilità vera, quella che non schiaccia, ma dà forma alla vita. Quando la libertà diventa ascolto e risposta, cambia anche il significato della responsabilità. Non è più il dover reggere tutto da soli, non è l'ansia di non sbagliare, non è la pressione di dover dimostrare il proprio valore attraverso ciò che si fa. Diventa qualcosa di più semplice e più profondo: prendere sul serio ciò che ci è dato.

Responsabilità, in questo senso, non nasce dall'idea che "tutto dipende da me", ma dal riconoscere che "qualcosa mi è affidato". È una differenza enorme. Se tutto dipende da noi, ogni errore è un disastro, ogni limite una colpa. Se qualcosa ci è affidato, possiamo prendercene cura senza dover essere perfetti, perché non siamo noi il fondamento di tutto.

Forse il nostro tempo ha reso la responsabilità pesante perché l'ha separata dall'ascolto e dalla chiamata. Ha trasformato il "devo rispondere a qualcosa" in "devo reggere tutto". Ma non siamo fatti per sostenere il mondo, siamo fatti per stare dentro il mondo in modo vero, per fare la nostra parte dentro una realtà che non nasce da noi.

In questa prospettiva, anche il fallimento cambia volto. Non è più la prova che "non valiamo", ma un punto del cammino, un luogo in cui possiamo imparare, correggere, ripartire. La responsabilità non è perfezionismo, è fedeltà: restare dentro la relazione con ciò che ci è stato dato, anche quando non riusciamo come vorremmo.

Questo vale nel lavoro, nelle relazioni, nella nostra storia. Essere responsabili non significa avere tutto sotto controllo, ma non scappare da ciò che ci riguarda. È un atto di presenza, non di onnipotenza.

Forse è qui che la libertà smette di essere peso e diventa forma di vita. Quando non dobbiamo più dimostrare di essere all'altezza di tutto, possiamo finalmente impegnarci davvero in qualcosa, senza la paura costante di crollare. Possiamo dare senza doverci garantire, possiamo rischiare senza doverci salvare da soli.

La responsabilità, così, non è più il contrario della libertà, ma la sua espressione più alta. Non è un vincolo esterno, ma il modo in cui la libertà prende forma nella realtà. Senza responsabilità, la libertà resta vaga; con essa, diventa storia.

Forse il nostro tempo ha bisogno proprio di questo passaggio: da una libertà astratta a una libertà incarnata, capace di dire sì a qualcosa di concreto, di assumere un legame, di restare. Non per obbligo, ma per riconoscimento.

È qui che la vita smette di essere un insieme di possibilità da tenere aperte e diventa un cammino in cui si sceglie, si perde qualcosa, si guadagna qualcosa, si cresce. Non tutto, ma qualcosa di vero.

E forse è proprio questa la maturità che abbiamo cercato di evitare: accettare che la vita abbia una forma, e che questa forma non la inventiamo da soli, ma la scopriamo vivendo, ascoltando, rispondendo.

Quando la libertà diventa ascolto e risposta, quando la responsabilità smette di essere un peso e diventa fedeltà a ciò che ci è affidato, la vita non diventa più facile, ma diventa più vera. E la verità ha una caratteristica particolare: non elimina la fatica, ma toglie la sensazione di essere soli a portarla.

Forse è proprio questo il punto che il nostro tempo ha più bisogno di riscoprire. Non una tecnica per eliminare il disagio, non una formula per evitare il limite, ma la possibilità di stare dentro la vita senza doverla fondare da soli. È una differenza sottile, ma decisiva. Tra chi si sente schiacciato dalla responsabilità di essere tutto e chi si sente coinvolto in qualcosa di più grande di sé.

Quando smettiamo di pensare a noi stessi come il centro assoluto, non diventiamo insignificanti, diventiamo capaci di relazione. Non perdiamo libertà, la ritroviamo in una forma più matura. Non smettiamo di decidere, ma le nostre decisioni non nascono più nel vuoto, nascono dentro un dialogo con la realtà.

Forse è qui che la vita cambia ritmo. Non è più una corsa a dimostrare, ma un cammino a cui restare fedeli. Non è più l'ansia di costruire un'identità perfetta, ma la pazienza di diventare noi stessi dentro le circostanze che ci sono date. Non è più l'ossessione di non perdere nulla, ma la libertà di scegliere qualcosa di vero.

Questa non è una teoria, è un modo di stare al mondo. Si vede dal modo in cui una persona attraversa il limite, dal modo in cui resta dentro una relazione difficile, dal modo in cui affronta il lavoro, dal modo in cui vive il tempo che non produce risultati visibili. È una postura, non uno slogan.

Forse il vero contrario della fragilità non è la forza eroica, ma questa fiducia semplice: la vita ha un senso che non dipende solo da noi. Possiamo non capirlo sempre, possiamo attraversare momenti di buio, ma non siamo noi a dover tenere insieme tutto.

È qui che la libertà smette di essere vertigine e diventa casa. Non perché tutto sia chiaro, ma perché non è più tutto sulle nostre spalle. Possiamo abitare la vita invece di difenderci continuamente da essa.

E a questo punto il cammino entra nella sua fase più decisiva. Perché se la vita è chiamata, se il senso si incontra, se la libertà è risposta, allora resta una domanda ultima, quella che non possiamo evitare ancora a lungo. Chi è che chiama?

LA REALTÀ NON È MUTA

La domanda che si apre a questo punto è inevitabile: se la vita è chiamata, se la libertà è risposta, se il senso non nasce dall'io ma lo precede, allora da dove viene questa chiamata? Chi o che cosa rende la realtà capace di parlarmi, di interpellarmi, di non essere semplicemente un insieme di fatti casuali? Il nostro tempo ha imparato a pensare la realtà come qualcosa di neutro, come materia senza voce, come un campo di forze da analizzare e usare. In questa visione il mondo non dice nulla, accade e basta. Tocca a noi dargli un significato, come se il senso fosse un'aggiunta soggettiva, una proiezione umana su un universo indifferente. Ma l'esperienza che abbiamo descritto fin qui contraddice questa idea. Perché nella vita concreta accade qualcosa di diverso: ci sentiamo toccati, provocati, chiamati. Non viviamo solo eventi, viviamo significati. Non solo succede qualcosa, ma qualcosa ci riguarda. Quando una persona entra nella nostra vita e cambia il nostro modo di guardare tutto, non diciamo semplicemente che "è successo un fatto", diciamo che "è accaduto qualcosa di decisivo". Quando un dolore ci mette in crisi, non è solo un evento biologico o psicologico, è qualcosa che tocca il senso stesso della nostra esistenza. Quando un momento di bellezza ci commuove, non stiamo solo reagendo a uno stimolo, sentiamo che c'è qualcosa di più. Queste esperienze mostrano che la realtà non si limita a esistere: si offre, si impone, interpella. Non siamo noi a inventare completamente il significato, lo incontriamo. E questo significa che la realtà non è muta, non è un fondale neutro su cui proiettiamo le nostre storie, ma è portatrice di una parola. Questa parola non è sempre chiara, non è un messaggio esplicito, ma è una presenza che si fa sentire. È nel fatto che la vita non ci lascia indifferenti, che ci coinvolge, che ci ferisce, che ci attrae. È come se dentro le cose, dentro gli eventi, dentro le relazioni, ci fosse una profondità che supera ciò che vediamo in superficie. Il problema è che abbiamo imparato a spiegare tutto in termini di meccanismi, funzioni, cause, perdendo l'abitudine a riconoscere il significato. Ma spiegare non è lo stesso che comprendere. Posso spiegare come funziona qualcosa e non coglierne il senso. Forse il passo decisivo è proprio questo: riconoscere che la realtà non è solo qualcosa da spiegare, ma qualcosa da ascoltare. Che non è solo oggetto di analisi, ma luogo di incontro. Che non è muta, ma portatrice di una parola che mi riguarda. E se la realtà parla, allora la domanda non è più se esiste un senso, ma se siamo disposti ad ascoltarlo. Non come teoria, ma come esperienza. Non come concetto astratto, ma come qualcosa che accade nella vita concreta. È qui che il cammino si fa più serio, perché non si tratta più solo di cambiare il modo di pensare, ma di cambiare il modo di stare davanti alla realtà. Se la realtà non è muta, allora ogni cosa può diventare luogo di chiamata. E a questo punto la domanda si fa ancora più precisa: se la realtà porta una parola, questa parola è solo una metafora o è segno di qualcuno? Se la realtà non è muta, se ciò che viviamo non è solo un insieme di fatti ma porta con sé una parola che ci riguarda, allora non possiamo fermarci a dire che il significato è semplicemente "dentro le cose" in modo anonimo. Una parola, per essere tale, implica sempre qualcuno che la pronuncia. Una chiamata implica sempre qualcuno che chiama. Il nostro tempo tende a fermarsi un passo prima, parla di senso, di profondità, di mistero, ma evita di chiedersi se questo mistero sia personale o no. È una soglia delicata, perché passare da "c'è un significato" a "c'è qualcuno che significa" cambia tutto. Non siamo più davanti a un ordine impersonale, ma a una presenza. Eppure l'esperienza che viviamo spinge proprio in questa direzione. Quando ci sentiamo chiamati, non è come se rispondessimo a una legge astratta, ma a qualcosa che ci riguarda in modo personale. La vita non ci tratta come numeri, ma come volti. Le esperienze decisive non sono mai generiche, sono sempre "per me", "qui", "ora".

Quando una persona mi chiama per nome, non mi sta offrendo un concetto, mi sta coinvolgendo. La chiamata ha sempre un carattere personale. E se la vita è chiamata, se la realtà mi interpella, allora la sorgente di questa parola non può essere solo un meccanismo cieco. Il punto non è fare subito affermazioni religiose, ma prendere sul serio l'esperienza. Se la realtà mi chiama, se il senso si impone come qualcosa che mi precede e mi riguarda, allora la possibilità che dietro questa chiamata ci sia un "Tu" non è un'aggiunta artificiale, ma un'ipotesi che nasce dall'esperienza stessa. Forse il nostro tempo ha paura di questo passaggio, perché implica relazione, implica non essere soli, implica che la libertà non sia solo autoaffermazione ma dialogo. È più semplice parlare di energia, di universo, di destino, che non di una presenza che chiama. Ma la differenza è decisiva. Un universo impersonale può affascinare, ma non può amare. Una forza anonima può regolare, ma non può coinvolgere. Una chiamata personale, invece, apre uno spazio di relazione in cui la libertà non è annullata, ma invitata. È qui che il discorso sul senso esce dall'astrazione e tocca il cuore dell'esistenza. Se ciò che mi chiama è qualcuno, allora la vita non è solo un cammino solitario verso un significato da interpretare, ma una storia dentro una relazione. Questo non elimina il mistero, lo approfondisce. Non toglie la domanda, la rende più grande. Perché non si tratta più solo di capire il senso della vita, ma di riconoscere chi mi sta chiamando dentro la vita. Ed è su questa soglia che ora dobbiamo fermarci, non per chiudere la questione, ma per prenderla sul serio. Perché se la chiamata è personale, allora la libertà non è solo risposta a un senso, ma risposta a qualcuno. Se la chiamata è personale, allora la vita non è semplicemente un percorso dentro un significato, ma una storia dentro una relazione. E questo cambia radicalmente il modo di stare al mondo. Non siamo più soli a cercare un senso, ma siamo cercati. Non siamo solo noi a fare domande, ma siamo noi stessi una risposta attesa. Questa idea può spaventare, perché toglie all'io la posizione di osservatore distaccato. Se c'è qualcuno che chiama, io non sono più neutrale, sono coinvolto. Non posso limitarmi a interpretare la vita, devo decidere come stare dentro questa relazione. Ma è proprio qui che la libertà trova il suo spazio più vero. Una relazione non si impone, si accoglie o si rifiuta. La chiamata non obbliga, invita. E l'invito è la forma più alta di rispetto della libertà. Nessuno può essere costretto ad amare, a fidarsi, a rispondere. Forse è per questo che il nostro tempo preferisce restare nel generico, parlare di senso senza parlare di qualcuno. Finché il significato resta impersonale, non mi riguarda fino in fondo. Posso ammirarlo, rifletterci, ma non devo mettermi in gioco. Ma se la vita è chiamata da qualcuno, allora ogni giorno diventa luogo di incontro possibile. Non solo nei momenti straordinari, ma nella trama ordinaria dell'esistenza. La realtà non è più solo contesto, ma spazio di relazione. Questo non significa che tutto sia chiaro o facile. Una relazione vera non elimina il dubbio, il conflitto, il silenzio. Anzi, li attraversa. Ma li attraversa come storia, non come vuoto. C'è una differenza profonda tra il silenzio di un universo indifferente e il silenzio di qualcuno che non vedo ma che mi ha già parlato. Forse è proprio qui che il cammino umano si gioca davvero. Non tra credere o non credere in un'idea, ma tra restare chiusi nell'io o aprirsi alla possibilità che la realtà sia abitata da una presenza. Non è un problema teorico, è una postura dell'esistenza. Se la chiamata è personale, allora la domanda decisiva non è più "che senso ha la mia vita?", ma "a chi sto rispondendo con la mia vita?". Ed è una domanda che non si può delegare a nessuno. È qui che la libertà diventa drammatica e bellissima insieme. Perché rispondere significa esporsi, rischiare, fidarsi. Ma significa anche smettere di essere soli. E a questo punto il discorso non può più restare generale. Perché se c'è qualcuno che chiama, bisogna chiedersi dove, come, attraverso che cosa questa chiamata si rende riconoscibile nella storia concreta degli uomini. Se la realtà porta una parola, se questa parola non è solo un significato anonimo ma segno di qualcuno, allora la questione diventa concreta: dove si è resa visibile, ascoltabile, incontrabile questa presenza? Perché una chiamata che non lascia traccia nella storia resta un'idea, e un'idea non cambia la vita. L'uomo non vive di concetti, vive di incontri. Le relazioni decisive della nostra esistenza non nascono da teorie, ma da volti, da parole ascoltate, da esperienze vissute. Se esiste una presenza che chiama l'uomo, è ragionevole che questa chiamata abbia preso forma in modo umano, dentro la storia, dentro la carne della vita. Non sarebbe coerente con ciò che abbiamo detto finora pensare a un significato che resta chiuso nel cielo delle idee, lontano dalla vita concreta. Se la chiamata riguarda il lavoro, le relazioni, il dolore, la bellezza, allora deve essersi fatta incontrabile proprio lì, dove l'uomo vive. Per questo, nella storia dell'umanità, torna continuamente un'affermazione che non può essere ignorata, anche quando è rifiutata: l'idea che il senso ultimo della realtà non sia rimasto lontano, ma si sia reso vicino, visibile, umano. Non come un'energia impersonale, ma come una presenza che entra nella storia. Non è il momento di fare professioni di fede, ma di riconoscere che questa possibilità non è un'aggiunta arbitraria, è la conseguenza logica del cammino fatto. Se il senso chiama, se la realtà parla, se la vita è dialogo, allora la parola deve essersi fatta udibile. Il nostro tempo tende a pensare che parlare di una presenza personale dentro la storia sia un residuo del passato, ma in realtà è la domanda più moderna possibile, perché riguarda il cuore dell'esperienza umana: siamo soli o no? La realtà è abitata o è vuota? Se è abitata, allora la chiamata non è solo interiore, ma ha lasciato segni, tracce, volti, parole. E qui il discorso non può più restare neutrale, perché tocca una storia concreta che milioni di uomini e donne hanno riconosciuto come luogo in cui il senso si è fatto vicino. Non si tratta di accettare per tradizione, ma di prendere sul serio una possibilità: che il significato ultimo non sia rimasto nascosto, ma si sia fatto incontro. Che il "Tu" che chiama non sia rimasto indefinito, ma abbia assunto un volto. È qui che il cammino entra nella sua parte più personale. Perché se la chiamata ha un volto, allora la risposta non è più solo una ricerca, ma una relazione possibile. E non si può restare spettatori perché una relazione, quando si presenta come possibilità reale, chiede sempre una posizione. Non nel senso di una decisione immediata o di un'adesione forzata, ma nel senso che non può essere trattata come un oggetto neutro di studio. Un volto non si analizza soltanto, si incontra o si evita. Una parola rivolta a me non resta sullo sfondo, mi raggiunge oppure la lascio cadere. Se il senso si è fatto incontro nella storia, allora non è più soltanto una questione di interpretazione del mondo, ma una questione di risposta personale. Non si tratta di capire tutto prima di muoversi, perché nessuna relazione significativa nasce da una comprensione completa e preventiva. Le relazioni decisive iniziano sempre con un atto di fiducia minimo, con un passo che non elimina il rischio ma lo assume. Forse è per questo che l'idea di un significato incarnato, di una presenza che entra nella storia, continua a provocare anche chi la rifiuta. Perché non lascia l'uomo al sicuro nella distanza. Non permette di restare al livello delle ipotesi astratte. Costringe a chiedersi: e se fosse vero? E se non fossi io a cercare per primo, ma fossi cercato? Questa possibilità è inquietante e insieme liberante. Inquietante perché toglie all'io l'ultima parola su tutto, liberante perché lo solleva dal peso di doverla avere. Se il senso ha preso l'iniziativa, allora la vita non è una caccia solitaria nel buio, ma una risposta possibile a qualcosa che ha già fatto il primo passo. Ed è qui che emerge una differenza decisiva tra un'idea di senso e un incontro di senso. Un'idea può essere discussa all'infinito senza cambiare nulla; un incontro, anche quando è fragile, anche quando è incerto, lascia un segno. Non perché risolve tutti i problemi, ma perché cambia il modo di stare davanti ai problemi. Forse è proprio questo che rende la questione così personale. Non si tratta di aderire a un sistema di pensiero, ma di lasciarsi interrogare da una presenza che si propone come origine e compimento del desiderio umano. Non come risposta a tutte le curiosità, ma come risposta alla solitudine di fondo dell'uomo. Se la chiamata ha un volto, allora la libertà non è più solo ricerca di senso, ma possibilità di relazione. E una relazione, per essere vera, non può essere imposta, ma può essere accolta. Può essere rifiutata, ignorata, rimandata. Ma non può essere ridotta a una teoria come le altre. È qui che il cammino che abbiamo fatto finora mostra tutta la sua coerenza. Dalla libertà che pesa alla libertà che risponde. Dall'io assoluto all'io chiamato. Dal senso inventato al senso incontrato. Dal rumore al silenzio. Dalla solitudine alla possibilità di una relazione. E a questo punto resta solo una cosa da fare, che nessuno può fare al posto nostro: guardare dentro la propria esperienza e chiedersi se, nella trama concreta della vita, questa chiamata abbia già lasciato un segno. Non come prova da esibire, ma come domanda onesta. Perché se il senso si è fatto incontro, allora la vita non è più una domanda senza destinatario. È una risposta in attesa. Perché a questo punto non è più possibile restare sul piano delle grandi parole. Se la vita è chiamata, se la realtà non è muta, se il senso può farsi incontro, allora la questione decisiva non è più teorica ma personale: io, dentro la mia storia concreta, che cosa sto facendo di questa chiamata? Non si tratta di cercare esperienze straordinarie, ma di guardare con onestà ciò che già mi ha toccato. I momenti in cui mi sono sentito raggiunto da qualcosa di più grande delle mie previsioni. Le circostanze che mi hanno cambiato senza che le avessi scelte. Le relazioni che mi hanno fatto uscire da me stesso. Le ferite che, pur dolorose, mi hanno costretto a rivedere ciò che credevo essenziale. Forse la chiamata non arriva con effetti speciali, ma con una fedeltà silenziosa dentro la vita. È lì da tempo, ma spesso l'abbiamo coperta con il rumore, con la fretta, con l'idea che tutto dipendesse solo da noi. Eppure qualcosa in noi ha sempre resistito, un desiderio di verità, di amore, di pienezza che nessuna riuscita parziale è riuscita a spegnere. Questa resistenza del desiderio è uno dei segni più forti che non siamo chiusi in noi stessi. Se fossimo fatti solo per adattarci, basterebbe poco per accontentarci. Invece restiamo inquieti, anche quando "abbiamo tutto". Questa inquietudine non è un difetto da correggere, ma la traccia di una chiamata che non si lascia zittire. E qui la libertà si gioca fino in fondo. Non nel fare mille scelte diverse, ma nel decidere se prendere sul serio questa inquietudine o soffocarla. Se restare in superficie o scendere in profondità. Se continuare a vivere come se tutto dipendesse solo da me, o aprirmi alla possibilità che la vita sia un dialogo. Aprirsi non significa capire tutto, ma smettere di chiudersi. Significa dire, magari in modo confuso, magari con paura: "se questa chiamata esiste, voglio ascoltarla". È un gesto piccolo, ma decisivo. Perché la relazione non nasce dalla sicurezza, nasce dalla disponibilità. Forse il passo più grande non è trovare subito tutte le risposte, ma permettere alla domanda di restare viva. Non riempirla subito con spiegazioni comode, non anestetizzarla con distrazioni. Lasciarla lavorare dentro di noi. È qui che la vita diventa davvero personale. Non perché tutto ruota attorno a me, ma perché io entro in relazione con qualcosa che mi supera. Non sono più solo spettatore del mondo, ma interlocutore. E allora la libertà non è più vertigine né peso, ma **attesa**. Non l'attesa passiva di chi non fa nulla, ma l'attesa attiva di chi sa che la vita può ancora parlare, che il senso può ancora farsi incontro, che il dialogo non è chiuso. Forse è proprio questo il punto in cui il cammino umano diventa più vero: quando l'uomo smette di pretendere di avere già tutto in mano e inizia a vivere come uno che è in ascolto, in cammino, in relazione, non con un'idea ma con una presenza possibile.

C'è un momento, nella vita di ogni uomo, in cui le domande smettono di essere esercizi mentali e diventano carne. Non perché si siano trovate tutte le risposte, ma perché non si riesce più a far finta che non riguardino me. È il momento in cui la vita non è più solo qualcosa che accade attorno, ma qualcosa che mi chiama per nome. Forse tutto il cammino fatto fin qui serve solo a portarci su questa soglia. Dalla libertà che pesa alla libertà che ascolta. Dall'io che deve bastare a se stesso all'io che scopre di essere chiamato. Dal rumore che distrae al silenzio che fa emergere la domanda. Dal senso come idea al senso come incontro possibile.

A questo punto non si tratta più di convincersi di qualcosa, ma di **prendere sul serio la propria esperienza**. Guardare la propria vita non come un caso isolato, ma come una storia attraversata da segni, da richiami, da presenze che non abbiamo inventato noi. Non per forzare interpretazioni, ma per non ridurre tutto al caso o all'abitudine. Forse il problema non è che la vita sia muta, ma che abbiamo smesso di aspettarci che possa parlare. Abbiamo imparato a spiegare, a organizzare, a prevedere, ma non più ad attendere. E senza attesa, anche la chiamata più chiara passa inosservata. L'attesa di cui parliamo non è passività, è apertura. È vivere con l'idea che ciò che conta può ancora accadere, che la realtà non è chiusa, che il senso non è già tutto alle nostre spalle. È uno sguardo diverso sul presente, non come qualcosa da consumare in fretta, ma come luogo in cui può accadere un incontro. Forse la libertà più grande non è fare tutto ciò che vogliamo, ma **restare disponibili**. Disponibili a essere toccati, a essere cambiati, a rispondere. Non per perdere noi stessi, ma per trovarci dentro una relazione che ci supera e ci compie. A questo punto il libro non può sostituirsi alla vita. Può solo indicare una direzione, una postura, una soglia. Il resto accade nella storia concreta di ciascuno, nei volti incontrati, nei limiti attraversati, nei desideri che non si spengono. Perché se la vita è chiamata, allora il senso non è qualcosa da possedere, ma qualcuno da incontrare. E un incontro, quando accade, non si dimostra, si riconosce, forse, alla fine, tutto si riduce a una cosa sola: **non vivere più come se fossimo soli.** Soli a decidere che cosa vale, soli a reggere il peso del senso, soli davanti al limite, al tempo, al dolore, soli con la nostra libertà che diventa vertigine. Il cammino che abbiamo fatto non elimina il mistero della vita, ma toglie una solitudine che non eravamo fatti per sopportare. Mostra che la fragilità non nasce dal fatto che siamo limitati, ma dal fatto che abbiamo provato a vivere come se non dovessimo dipendere da nulla. E invece dipendiamo, dipendiamo dall'amore ricevuto, dalle parole che ci hanno costruito, dagli incontri che ci hanno cambiato, da una realtà che non abbiamo creato. Questa dipendenza non è una catena, è il luogo in cui la libertà diventa umana. Forse il passaggio decisivo non è diventare più forti, ma diventare più veri. Non smettere di avere bisogno, ma riconoscere di averne. Non chiudersi per difendersi, ma restare aperti per incontrare. La vita non è un problema da risolvere una volta per tutte. È un dialogo che continua. Non tutto è chiaro, non tutto è facile, non tutto è sotto controllo. Ma non tutto è nemmeno nelle nostre mani. E forse è proprio questa la pace che l'uomo cerca senza saperlo: non dover essere il centro assoluto, non dover salvare se stesso da solo, non dover inventare il senso ogni mattina da capo. Vivere così non toglie il dramma, ma gli dà un orizzonte. Non elimina il rischio, ma lo rende abitabile. Non cancella la fatica, ma la inserisce in una storia. E allora la libertà smette di essere una vertigine e diventa cammino, l'io smette di essere un idolo e diventa volto. La realtà smette di essere rumore e diventa parola. Il resto non si scrive su carta, si gioca nella vita, ogni giorno.

VIVERE UNA VITA CHE RISPONDE

Se ciò che abbiamo esplorato finora è vero, la questione non è solo capire, ma vivere in modo diverso. Non si tratta di aggiungere un'altra idea alla propria visione del mondo, ma di permettere a questa prospettiva di trasformare concretamente il modo in cui affrontiamo le giornate, prendiamo decisioni, coltiviamo relazioni, e gestiamo il tempo.

Tutto ciò che abbiamo detto rischia di rimanere suggestivo fino a quando non tocca la vita reale—quella fatta di lavoro, stanchezza, conflitti, desideri, fallimenti, attese. È in questi momenti che si comprende se la libertà è ancora un peso o se è diventata una risposta.

Vivere una vita che risponde non significa avere tutto chiaro. Non significa aver risolto tutti i dubbi o aver raggiunto una sicurezza incrollabile. Significa una cosa molto più semplice e impegnativa: non vivere più a caso. C'è un modo di vivere in cui le giornate scorrono come eventi da gestire, problemi da risolvere, impegni da incastrare. In questo modo, la vita è qualcosa che ci accade e noi cerchiamo solo di restare a galla. La libertà si trasforma in una continua reazione.

Esiste un altro modo di vivere in cui, nelle stesse circostanze, l'individuo si chiede: cosa mi è dato qui? Cosa mi è richiesto? A cosa sto rispondendo con questa scelta? Non perché abbia già tutte le risposte, ma perché prende sul serio il fatto che la vita non è muta.

Questa differenza non si vede dall'esterno, ma cambia tutto dall'interno.

Il primo cambiamento riguarda il modo di stare nel presente. Quando l'io è il centro, l'attenzione è sempre proiettata in avanti: cosa devo ottenere, cosa rischio di perdere, come devo apparire, cosa verrà dopo. Il presente diventa solo un passaggio.

Quando la vita è chiamata, il presente diventa un luogo d'incontro. Non è più solo il punto in cui preparo il futuro, ma il luogo in cui qualcosa mi viene incontro adesso. Questo non elimina la progettualità, ma la radica.

Essere presenti non significa rallentare tutto, ma non vivere con la mente sempre altrove. Significa notare ciò che accade, le persone che ho davanti, ciò che sto facendo. Sembra poco, ma è l'opposto della continua distrazione.

Dal "devo riuscire" al "voglio restare"

Il secondo cambiamento riguarda il rapporto con le scelte. Quando la vita è solo un progetto personale, ogni decisione è carica di ansia: e se sbaglio? e se perdo un'occasione? e se non realizzo tutto il mio potenziale?

Quando la vita è risposta, la domanda cambia: dove posso restare fedele a ciò che ho riconosciuto come vero? Non si tratta di scegliere perfettamente, ma di non fuggire continuamente.

La fedeltà non è rigidità, è continuità. È la disponibilità a non ricominciare da zero ad ogni difficoltà. È dire: questo legame, questo impegno, questa strada contano abbastanza da attraversarne anche la fatica.

Dal giudizio su di sé all'accoglienza di sé

Il terzo cambiamento è forse il più liberante. Quando l'io è fondamento, si vive sotto esame. Ogni errore pesa troppo, ogni debolezza è una minaccia, ogni limite un difetto da nascondere.

Quando l'io è risposta, la vita non dipende solo dalla mia performance. Posso guardare me stesso con più verità, senza dover sempre difendere un'immagine. Posso riconoscere i miei limiti senza identificarmi con essi.

Non divento meno responsabile, divento più umano.

Forse è proprio qui che si vede se il cammino fatto finora è reale: nel modo in cui attraversiamo le stesse cose di prima con uno sguardo diverso. Non è una rivoluzione esterna, è una rivoluzione dello sguardo.

La vita non cambia magicamente. Ma cambia chi la vive.

E da qui in avanti il percorso diventa ancora più concreto. Perché vivere così non è uno stato emotivo, è un cammino quotidiano, fatto di passi piccoli e ripetuti.

E la domanda che ora ci accompagna è semplice, ma decisiva: come si impara a restare dentro questa risposta, giorno dopo giorno, senza tornare continuamente alla vecchia logica dell'io al centro?

La difficoltà più grande non è intuire per un momento che la vita può essere risposta, ma restare dentro questa consapevolezza quando le giornate tornano normali, quando la stanchezza prende il sopravvento, quando i problemi si accumulano e tutto sembra di nuovo ridursi a gestione, fretta, difesa.

È qui che si vede che non basta un'idea giusta. Serve una pratica del vivere.

Non nel senso di tecniche spirituali complicate, ma nel

senso di atteggiamenti concreti che educano lo sguardo, che impediscono alla vita di tornare automaticamente sotto il dominio dell'io che vuole controllare tutto.

Imparare a fermarsi

Il primo gesto è il più semplice e il più trascurato: fermarsi. Non scappare subito da ciò che accade. Non riempire ogni vuoto. Non reagire istantaneamente a ogni stimolo.

Fermarsi significa concedere alla realtà il tempo di parlare. Significa non decidere tutto prima di aver guardato. È un gesto minuscolo—qualche minuto di silenzio, un'attenzione vera a ciò che sto vivendo—ma è lì che la vita smette di essere solo flusso e diventa parola.

Chi non si ferma mai, non ascolta mai. E chi non ascolta, torna inevitabilmente a vivere per automatismi.

Imparare a ricordare

La vita che risponde ha bisogno di memoria. Non memoria del passato in senso nostalgico, ma memoria dei momenti in cui il senso si è affacciato, in cui mi sono sentito raggiunto, in cui qualcosa è stato più grande delle mie previsioni.

Il nostro tempo vive tutto nel presente immediato, e così perde profondità. Ricordare significa dire: la mia vita non è fatta solo di ciò che accade oggi, ma di una storia in cui sono già stato condotto, aiutato, sorpreso.

La memoria salva dalla sensazione che ogni giorno ricominci nel vuoto.

Imparare a chiedere

Se la vita è relazione, allora non si vive bene da soli. Chiedere aiuto, chiedere consiglio, chiedere presenza non è debolezza, è realismo. L'io assoluto non chiede, si chiude. L'io che risponde sa di non bastare.

Chiedere è uno dei gesti più umani e più liberanti, perché rompe l'illusione di autosufficienza e apre spazio a un bene che non produco io.

Imparare a perdonarsi

Chi vive come risposta non è perfetto. Sbaglia, si distrae, torna a vecchi schemi. La differenza non è non cadere, ma non identificarsi con la caduta.

Perdonarsi non significa giustificarsi, ma riconoscere che il proprio valore non coincide con la propria riuscita. Solo chi non è schiacciato dal giudizio su di sé può davvero ricominciare.

Tutti questi gesti hanno una cosa in comune: spostano il centro. Dall'io che deve reggere tutto all'io che resta in relazione con la realtà, con gli altri, con il senso che lo precede.

Non cambiano la vita in modo spettacolare. Ma impediscono che torni a essere solo fatica da gestire.

E poco alla volta, quasi senza accorgersene, l'uomo scopre una cosa sorprendente: la libertà non è più il luogo dell'ansia, ma il luogo dell'incontro. Non è più lo spazio in cui devo inventare me stesso, ma quello in cui posso rispondere.

Ed è qui che emerge una forma nuova di stabilità. Non la sicurezza di chi controlla tutto, ma la solidità di chi sa dove appoggiare il cuore anche quando non capisce tutto.

Forse vivere così non fa meno paura, ma fa meno solitudine.

E da qui nasce un'altra dimensione fondamentale della vita che risponde: la compagnia. Perché nessuno impara a vivere così da solo.

Se la vita è risposta a una chiamata, allora non è mai un cammino solitario. Non perché l'uomo non sia unico, ma perché la chiamata stessa passa attraverso relazioni, volti, presenze concrete. Nessuno impara a vivere così da solo, perché nessuno si dà la vita da solo.

La compagnia di cui parliamo non è semplicemente stare insieme, non è riempire il tempo con altre persone. È qualcosa di più sottile e più essenziale: è la presenza di qualcuno con cui condividere lo stesso sguardo sulla vita, qualcuno che mi aiuta a ricordare ciò che da solo dimentico, qualcuno che, senza sostituirsi a me, mi sostiene nel restare.

Perché la verità è questa: da soli torniamo facilmente alla vecchia logica. L'io si richiude, la fretta prende il sopravvento, il rumore copre la domanda. Non per cattiva volontà, ma per fragilità. La compagnia è il luogo in cui la vita che risponde viene custodita.

Non è una dipendenza infantile, è un sostegno reciproco. Come in una cordata in montagna, ognuno cammina con le proprie gambe, ma la corda tiene insieme. Se uno scivola, l'altro lo trattiene. Nessuno cammina al posto dell'altro, ma nessuno è lasciato solo.

Questa compagnia può assumere forme diverse: un'amicizia vera, una relazione affettiva vissuta con profondità, un gruppo con cui condividere il cammino, una comunità in cui il senso della vita non è dato per scontato ma vissuto. Non conta la forma, conta che non si resti soli davanti alla domanda.

Perché la solitudine più grande non è non avere nessuno accanto, ma non avere nessuno con cui condividere ciò che conta davvero. Si può essere circondati da persone e restare soli se nessuno parla alla parte più profonda di noi.

La compagnia vera non risolve i problemi al posto nostro, ma cambia il modo di affrontarli. Rende possibile restare quando da soli scapperemmo. Rende più facile ricordare quando da soli dimenticheremmo. Rende più umano il cammino.

Forse è per questo che la vita non è stata pensata per essere vissuta in isolamento. L'io assoluto è un'idea, l'uomo reale è sempre in relazione. E la relazione non è un'aggiunta, è parte del modo in cui il senso si comunica. È qui che la libertà trova un altro volto. Non è più solo scelta individuale, ma appartenenza. Non nel senso di perdere se stessi, ma nel senso di scoprire che se stessi si diventa insieme.

E in questa compagnia accade qualcosa di decisivo: ciò che sembrava solo un'intuizione personale diventa esperienza condivisa. Il senso non è più un pensiero fragile, ma una presenza che prende forma tra le persone.

Forse è proprio questo che impedisce alla vita di tornare muta: la presenza di volti che continuano a ricordarci che siamo chiamati.

E da qui nasce un'ultima dimensione fondamentale della vita che risponde: la speranza.

La speranza di cui parliamo non è ottimismo, non è

l'idea che "andrà tutto bene", non è una forma di auto-incoraggiamento psicologico. L'ottimismo dipende dalle circostanze: se le cose vanno bene, cresce; se vanno male, crolla. La speranza, invece, nasce da ciò su cui appoggio il cuore.

Se la vita è solo ciò che riesco a controllare, la speranza è fragile quanto me. Se la vita è risposta a una chiamata, se il senso mi precede, se non sono solo a reggere tutto, allora la speranza non coincide con il successo delle situazioni. Può restare anche quando non capisco, anche quando perdo, anche quando attraverso un tempo buio.

La speranza è la forma che prende nel tempo quella fiducia di cui abbiamo parlato fin dall'inizio. È vivere senza pretendere di avere già in mano l'esito di tutto. È accettare che la storia sia più grande dei miei calcoli, senza per questo disinteressarmi di ciò che faccio.

Forse la differenza più grande si vede nel modo di attraversare il limite. Chi non ha speranza vive ogni difficoltà come una smentita definitiva. Chi spera non nega il dolore, ma non lo considera l'ultima parola. Non perché sia forte, ma perché non si appoggia solo su di sé.

La speranza non elimina la paura, ma impedisce alla paura di decidere tutto. Non toglie l'incertezza, ma rende possibile camminare anche dentro l'incertezza. È una forza silenziosa, che non si vede nei discorsi, ma nella perseveranza quotidiana.

È quella che permette di restare in una relazione quando è faticosa, di continuare un lavoro quando è duro, di ricominciare dopo un errore, di non chiudersi quando si è feriti. Non perché si è ingenui, ma perché si crede che la realtà non sia vuota.

Forse la speranza è proprio questo: vivere come se la vita avesse un significato anche quando non lo vedo chiaramente. Non è chiudere gli occhi, è tenerli aperti senza disperare.

E questa speranza non nasce dallo sforzo di convincersi, nasce dall'esperienza di non essere soli. Dalla compagnia, dalla memoria, dall'ascolto, da quei segni che nella vita hanno già mostrato che il senso non è un'invenzione.

È qui che la libertà trova la sua pace più profonda. Non perché tutto sia risolto, ma perché non deve più reggere il mondo da sola. Può camminare.

Forse vivere così non rende la vita più semplice, ma la rende abitabile. E questo basta perché l'uomo possa restare in piedi anche quando tutto trema.

La speranza non è la certezza di ciò che accadrà. È la certezza di non essere soli mentre accade.

La speranza non si misura nei momenti eccezionali, ma nel modo in cui si attraversano le giornate normali, quelle in cui non succede nulla di straordinario e proprio per questo si è tentati di pensare che nulla abbia davvero senso. È lì che si decide se la vita è solo una sequenza di compiti o una storia abitata.

Chi vive senza speranza cerca continuamente scosse, novità, cambiamenti esterni che rompano la monotonia. Ma anche quando arrivano, durano poco, e presto si torna al punto di prima. La speranza, invece, non ha bisogno di effetti speciali, perché non si nutre dell'eccezionale, ma del significato.

Anche un giorno qualunque, vissuto come risposta, diventa parte di un cammino. Anche un lavoro ripetitivo, una fatica silenziosa, un impegno che non riceve applausi possono avere peso, perché non sono isolati: stanno dentro una relazione, dentro una storia.

Forse è qui che si vede la differenza più concreta. Non in grandi decisioni eroiche, ma nel modo in cui una persona affronta il lunedì mattina, una discussione familiare, una stanchezza che ritorna, una responsabilità che non entusiasma. Senza speranza tutto pesa troppo; con la speranza, anche ciò che pesa può essere portato. La speranza non cambia subito le circostanze, ma cambia il modo in cui le si vive. E questo, alla lunga, cambia anche la persona. La rende meno cinica, meno chiusa, meno difensiva. Più capace di attendere, di perdonare, di ricominciare.

Forse è proprio questo il segno più evidente che la vita non è chiusa nel caso: il fatto che l'uomo continui a sperare anche quando le evidenze sembrano dire il contrario. Come se dentro di lui ci fosse una memoria più profonda della delusione.

E allora la vita che risponde non è una vita perfetta, è una vita abitata. Abitata da una fiducia che non nasce dalle prestazioni, da una compagnia che sostiene, da una memoria che ricorda, da un ascolto che non si spegne.

È una vita in cammino, non in fuga. Una vita che può cadere, ma non si considera perduta. Una vita che non ha bisogno di possedere tutto per dire che vale la pena viverla.

Forse, alla fine, la differenza è tutta qui: vivere cercando di salvarsi da soli oppure vivere sapendo di essere già dentro una storia più grande di sé.

La speranza è il segno che questa storia esiste. E quando la speranza c'è, anche il passo più piccolo ha un senso.

Perché la speranza, la compagnia, l'ascolto, la risposta non restano idee sospese. Se sono reali, trasformano lentamente il modo di essere. Non con scatti improvvisi, ma come l'acqua che scava la roccia, giorno dopo giorno.

Una vita che risponde diventa, col tempo, una vita più unificata. Non perfetta, non lineare, ma meno divisa dentro. Quando l'io deve continuamente dimostrare qualcosa, è sempre frammentato: un volto al lavoro, uno in famiglia, uno con gli amici, uno nei momenti di solitudine. Si recita molto, si vive poco.

Quando invece l'io non è più fondamento ma risposta, non deve difendere continuamente un'immagine. Può essere lo stesso nelle diverse situazioni, con i propri limiti, con le proprie domande, con la propria verità. Questa unità interiore è uno dei segni più concreti che il senso non è un'idea, ma una presenza che regge la vita. Anche il rapporto con il tempo cambia. Non si vive più nell'ansia di arrivare altrove per sentirsi finalmente "a posto". Si può abitare il presente senza la sensazione costante di essere in ritardo sulla vita. Il futuro non è più l'unico luogo della felicità possibile, e il passato non è solo una somma di errori. Tutto entra in una storia.

Persino il modo di guardare gli altri si trasforma. Quando si è schiacciati dall'io, gli altri sono sempre una minaccia o uno strumento: qualcuno da cui difendersi o da cui ottenere qualcosa. Quando si vive come risposta, l'altro è prima di tutto un dono, un volto, qualcuno che mi è dato dentro la mia storia. Non diventa facile amare tutti, ma diventa possibile guardare senza ridurre.

La vita così diventa più semplice, non perché manchino i problemi, ma perché si riduce la lotta continua per affermare se stessi. C'è meno bisogno di avere ragione a tutti i costi, meno paura di sbagliare, meno ossessione di controllare tutto. Non per indifferenza, ma per fiducia.

Forse è proprio questa la maturità a cui l'uomo è chiamato: non diventare invulnerabile, ma diventare capace di attraversare tutto senza perdere il centro. Un centro che non coincide con il proprio ego, ma con una relazione che lo sostiene.

E questa trasformazione non si vede subito. Non è spettacolare. Si riconosce nei dettagli: nella pazienza che cresce, nella capacità di ascoltare, nella fedeltà silenziosa, nella pace che affiora anche nei momenti difficili.

È la differenza tra una vita vissuta sotto pressione e una vita vissuta in relazione.

Alla fine, ciò che cambia non è solo ciò che facciamo, ma chi siamo. Non perché ci costruiamo meglio, ma perché ci lasciamo trovare.

E forse è proprio questo il compimento del cammino iniziato all'inizio del libro: dall'io che deve salvarsi da solo all'io che scopre di essere già dentro una storia di senso.

Una storia che non abbiamo scritto noi. Ma dentro cui siamo chiamati a vivere.

Forse, alla fine, non si tratta di aver capito tutto, ma di aver cambiato sguardo. Di non guardare più la propria vita come un problema da risolvere o una prestazione da dimostrare, ma come una storia da vivere in relazione.

La libertà non è più il luogo in cui devo inventarmi da capo ogni giorno, ma lo spazio in cui posso rispondere. Il senso non è più qualcosa da costruire sotto pressione, ma qualcosa che si lascia incontrare nella realtà, nelle relazioni, nel limite, nel tempo.

La vita non diventa leggera, ma diventa abitabile. Non perché scompaiano le difficoltà, ma perché non sono più l'unica parola. C'è una fiducia che resta anche quando tutto trema, una compagnia che sostiene anche quando ci si sente fragili, una speranza che non coincide con la riuscita.

Forse è questo il punto più umano di tutti: accettare di non bastare a se stessi e scoprire che proprio lì non si è abbandonati. Lasciare cadere l'illusione di dover essere il centro e trovare un centro più grande di sé.

Il cammino non finisce qui. Anzi, comincia davvero adesso, nella trama delle giornate, nelle scelte piccole e ripetute, nei momenti in cui si è tentati di tornare alla vecchia logica del controllo e invece si sceglie, magari con fatica, di restare aperti.

Non serve essere eroi. Serve restare in ascolto. Ricordare. Chiedere. Ripartire.

La vita non è muta. La libertà non è sola. Il senso non è lontano.

E ciò che conta non è aver letto queste pagine, ma accorgersi, dentro la propria esperienza, che la chiamata non ha mai smesso di esserci.
Il resto non si spiega. Si vive.

INDICE

www.ingramcontent.com/pod-product-compliance
Lightning Source LLC
Chambersburg PA
CBHW021145260726
48656CB00024B/1487